MEIN EM-MITMACH BUCH 2024

BRAINBOOK

Impressum

BrainBook UG (haftungsbeschränkt)
Am Sportfeld 8
65399 Kiedrich

ISBN:
Taschenbuch: 978-3-96890-193-0

Alle Inhalte dieses Buches sind urheberrechtlich geschützt.
Alle Rechte vorbehalten.
Wer gegen das Urheberrecht verstößt, macht sich gem. §§ 106 ff. UrhG strafbar, wird zudem kostenpflichtig abgemahnt und muss Schadensersatz leisten (§ 97 UrhG).

Lektorat: Ann-Kristin Brümmer

**Die Zufriedenheit unserer Leserinnen
und Leser hat für uns oberste Priorität.**

Sollten Sie Fragen oder Anmerkungen haben, können Sie uns jederzeit unter kontakt@brainbook-verlag.de erreichen. Wir freuen uns auf Ihre Rückmeldung.

📷 brainbook_verlag
🌐 www.brainbook-verlag.de
✉ kontakt@brainbook-verlag.de

BEWIRB DICH DOCH ALS TESTLESER*IN BEI BRAINBOOK.

Testleser*innen erwarten exklusive Vorteile:

- Du erhältst kostenlose Leseexemplare.
- Du erhältst kostenlosen Zugriff auf das Hörbuch des Werks.
- Du kannst zum Entstehungsprozess unserer Bücher beitragen und dabei unverfälschte Einblicke in die Entwicklung eines Buchs gewinnen.
- Du hast die einmalige Möglichkeit, mit unseren Autor*innen in Kontakt zu treten.
- Wenn dein Feedback besonders hilfreich ist, wirst du erwähnt.
- Dein Exemplar des Buchs wird dir kostenfrei und schon Wochen vor der offiziellen Veröffentlichung zugesandt, sodass du dich weder um die Bestellung noch um verzögerte Lieferzeiten zu sorgen brauchst.

> Wenn wir dein Interesse wecken konnten, bewirb dich noch heute kostenlos als Testleser*in und werde Teil des kreativen Teams.

Besuche
https://brainbook-verlag.de/testleser
oder scanne bequem den QR-Code.

INHALTSVERZEICHNIS

01
Alles zur Europameisterschaft — 6

02
Qualifikation — 10

03
Die Stadien — 13

04
Die Gruppen — 25

05
DFB-Team — 27

INHALTSVERZEICHNIS

06
Gruppenphase — 34

07
Achtelfinale — 66

08
Viertelfinale — 76

09
Halbfinale — 82

10
Finale — 88

11
Lösungen — 93

01
ALLES ZUR EUROPAMEISTERSCHAFT

Seit wann gibt es die EM?

Gemeinschaft: Die UEFA-Fußball-Europameisterschaft, kurz EM, ist ein alle vier Jahre stattfindendes Turnier. Es bringt seit 1960 die Nationalmannschaften Europas zusammen. Die Idee eines europäischen Länderwettbewerbs nahm in den 1950er-Jahren Gestalt an. Sie wurde inspiriert von der wachsenden Beliebtheit des Fußballs und dem Wunsch, die Nationen Europas im sportlichen Wettstreit zu vereinen. Die erste Ausgabe des Turniers, damals noch unter dem Namen *Europapokal der Nationen*, fand in Frankreich statt und umfasste nur vier Mannschaften im finalen Turnier, obwohl mehr Teams in den vorherigen Qualifikationsrunden teilgenommen hatten.

Was hat sich seitdem verändert?

Teilnehmer: Im Laufe der Jahre erfuhr das Turnier mehrere bedeutende Entwicklungen. Die Anzahl der teilnehmenden Teams im Endturnier wurde schrittweise erhöht: von ursprünglich vier Teams im Jahr 1960 auf acht im Jahr 1980, auf 16 im Jahr 1996 und schließlich auf 24 Teams im Jahr 2016.

Wer ist der amtierende Europameister?

Aktuelle Sieger: Die letzten Europameisterschaften vor 2024 fanden 2016 und 2021 statt (das Turnier, das ursprünglich für 2020 geplant war, wurde aufgrund der Covid-19-Pandemie um ein Jahr verschoben). Portugal gewann das Turnier 2016, indem es im Finale Frankreich besiegte. Italien gewann die Europameisterschaft 2020, nachdem es im Finale England in einem spannenden Elfmeterschießen schlagen konnte.

Wann hat Deutschland das letzte Mal die EM gewonnen?

Deutschlands Erfolge: Deutschland hat dreimal die Europameisterschaft gewonnen: 1972, 1980 und zuletzt 1996. Der Sieg von 1996 in England bleibt besonders in Erinnerung, da Deutschland sich den Titel im Finale gegen Tschechien durch ein Golden Goal in der Verlängerung sicherte.

Hat die EM schon einmal in Deutschland stattgefunden?

Austragungsorte: Deutschland war bereits Gastgeber der Europameisterschaft. Im Jahr 1988 fand das Turnier in Deutschland statt. Städte wie München, Stuttgart, Frankfurt und andere waren Schauplätze der Spiele. Die EM 2024 markiert somit eine Rückkehr nach Deutschland, was eine großartige Gelegenheit für das Land ist, seine Fußballbegeisterung und Gastfreundschaft zu zeigen.

Interessante Rekorde und Statistiken

Höchstleistung: Die EM ist voll von spannenden Rekorden. Wusstest du zum Beispiel, dass Cristiano Ronaldo der Spieler mit den meisten Toren in EM-Turnieren ist? Oder dass Spanien (zusammen mit Deutschland) das Land ist, das den Titel am häufigsten gewonnen hat? Diese Rekorde zeigen, wie Spieler und Teams sich immer wieder selbst übertreffen, um in die Fußballgeschichte einzugehen.

QUIZ

1. **Wie heißt das offizielle Maskottchen der EM 2024?**

   ☐ Goalix   ☐ Tiki

   ☐ Eddi   ☒ Albärt

2. **Wie viele Teams nahmen an der ersten EM teil?**

   ☒ 4   ☐ 12

   ☐ 8   ☐ 16

3. **Wer entscheidet, welches Land die EM ausrichtet?**

   ☐ FIFA   ☐ IOC

   ☒ UEFA   ☐ UN

4. **Welches Team konnte bereits die WM im eigenen Land gewinnen?**

   ☐ Marokko   ☐ Argentinien

   ☒ Frankreich   ☐ Deutschland

Lösungen

1. Albärt
2. 4
3. UEFA
4. Argentinien

02
QUALIFIKATION

Wie qualifizierten sich die Teams?

Die 55 UEFA-Mannschaften wurden in insgesamt zehn Gruppen zu je fünf oder sechs Teams aufgeteilt. Jede Nationalmannschaft spielte vor der EM sowohl zu Hause als auch auswärts gegen die anderen Mannschaften ihrer Gruppe. Die beiden besten Teams jeder Gruppe qualifizierten sich direkt für die EM. Zusammen Deutschland, das als Gastgeber automatisch an der EM 2024 teilnimmt, wurden so 21 von 24 Plätzen für die EM vergeben.

Besonderheiten durch die Nations League:

Die verbliebenen drei Plätze wurden durch Play-offs mit einem komplexen Nachrücker-System in der Nations League entschieden. Grundsetzlich nehmen alle vier Ligen (A, B, C und D) an diesem Prozess teil.

Wann und wie liefen die Play-offs ab?

Jedes Play-off-Spiel wurde in einem K.-o.-Match ausgetragen. Stand es nach der normalen Spielzeit noch unentschieden, wurde das Spiel in die Verlängerung geführt. War danach immer noch kein Sieger gefunden, entschied ein Elfmeterschießen über den Ausgang. Die Play-offs diesen Jahres fanden zwischen dem 21. und 26. März statt. Hierbei setzten sich in den sogennnanten *Play-off-Finals* Polen, die Ukraine und Georgien durch.

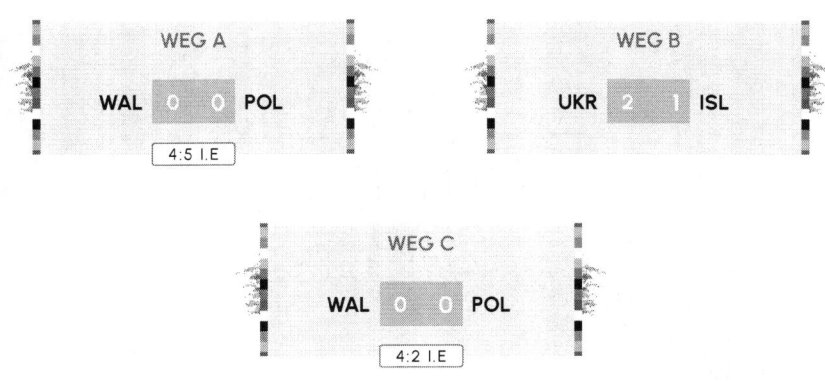

ÜBER MICH

Vorname: LASSE
Nachname: STEINHOFF
Spitzname: LASSE
Geburtstag: 10.5.2013
Alter: 11
Telefon: ?

Nationalität: DEUTSCH
Lieblingsverein: HOFFENHEIM
Lieblingsspieler: DELANEY
Lieblingstrainer: KLOPP
Mein Verein: NECKERGEMÜND
Trikotnummer: 9
Lieblingsposition: ST/TW/RV
Starker Fuß: RECHTS
Mehr über mich: 2 CUPS GEWONNEN UND ICH HABE IMMER DAS FINALTOR GESCHOSSEN. HOFFENHEIM PROBETRAINGS ALS TW (8), ALS ST (2).

03

DIE STADIEN

 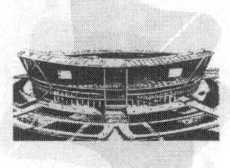 
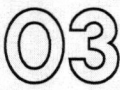

KARTE

OLYMPIASTADION BERLIN

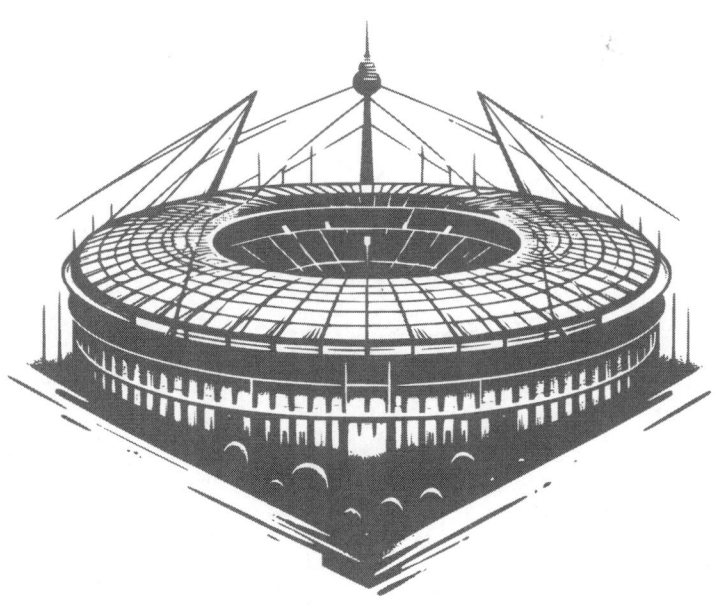

📍	Standort:	Berlin	📅 Eröffnung:	1936
🏟️	Kapazität*:	71.000	🎯 Austragung:	Finale

Das denkmalgeschützte **Olympiastadion** in Berlin wurde in den 30er-Jahren auf dem Olympiagelände errichtet. Das Erdstadion ist mehr als 300 Meter lang und über 225 Meter breit. Ehemals konnten sich etwa 100.000 Zuschauer darin aufhalten.

Von 2000 bis 2004 wurde es renoviert. Alle Ränge sind nun überdacht und die Beleuchtung verhindert Schatten auf dem Feld. Übrigens: Es wurde so umgebaut, dass alle Neuerungen wieder entfernt werden könnten.

* Die in diesem Feld aufgeführten Zahlen entstammen der Website der UEFA und beziehen sich auf die möglichen Zuschauerzahlen bei der EM 2024, da hier im Gegensatz zu nationalen Spielen keine Steh-, sondern nur Sitzplätze erlaubt sind.

DEUTSCHE BANK PARK

Standort:	Frankfurt	Eröffnung:	2005
Kapazität:	47.000	Austragung:	Gruppenspiele

Die Heimat der Eintracht Frankfurt ist auch unter dem Namen *Waldstadion* bekannt. Das erste Stadion an dieser Stelle wurde 1925 fertiggestellt. Bis 2005 wurde das letzte Stadion so stark umgebaut, dass man von einem Neubau sprechen kann. Durch das einzigartige, umweltfreundliche Kühlsystem und das ausfahrbare Cabrio-Dach vereint der **Deutsche Bank Park** Fußballkultur und modernste Technologie.

Seit es zu einem reinen Fußballstadion umgebaut wurde, ist kein Zuschauerplatz weiter als 60 Meter vom Spielfeld entfernt. Außerdem hat es bei normalem Betrieb die zweitgrößte Stehplatz-Kurve Deutschlands.

VOLKSPARKSTADION

📍	Standort:	Hamburg	📅 Eröffnung:	1953
🏟	Kapazität:	49.000	⚽ Austragung:	Gruppenspiele

Das Hamburger Stadion ist bekannt für sein beeindruckendes, etwa 35 Meter hohes Dach, das alle Plätze schützt, aber gleichzeitig eine offene und einladende Atmosphäre bewahrt. Es wurde Ende der 90er-Jahre zu einem reinen Fußballstadion umgebaut.

Da das **Volksparkstadion** in seiner Vergangenheit schon einige Namenswechsel erfahren hat, wird es oft nur *HSV-Arena* genannt. Mittlerweile hat es aber seinen ursprünglichen Namen zurück.

MHPARENA

📍	Standort: Stuttgart		📅 Eröffnung:	1933
🏟	Kapazität: 51.000		🏆 Austragung:	Gruppenspiele

💡 Die **MHPArena** in Stuttgart, auch bekannt als *Neckarstadion*, kombiniert traditionelle Stadion-Architektur mit modernen Elementen und diente als Vorbild für das Olympiastadion in Berlin. Es kann auf eine lange Geschichte zurückblicken. Schon in den 1860er-Jahren soll auf dem Platz, an dem sich das Stadion befindet, Fußball gespielt worden sein.

Nach umfangreichen Erneuerungen bietet das Stadion neben fast vollständig überdachten Zuschauerrängen eine bunte Beleuchtung des Dachs. Der Charakter des ursprünglichen Stadions blieb aber erhalten.

ALLIANZ ARENA

📍	Standort:	München	📅 Eröffnung:	2005
🪑	Kapazität:	66.000	⚽ Austragung:	Gruppenspiele

💡 Die **Allianz Arena** ist berühmt für ihre futuristische Außenhülle aus Folienkissen. Die über 1.000 Kissen, die von außen sichtbar sind, können beleuchtet werden. Dadurch erstrahlt die Fassade bei Nachtspielen in den Farben des jeweiligen Heimteams.
Bei nationalen Spielen hat das Stadion eine Kapazität von circa 75.000 Zuschauern. Zwar hat es kein schließbares Dach, verfügt aber über vollständig überdachte Sitzplätze und schließbare Tore, die zusätzlich vor Wind schützen. So entsteht eine Atmosphäre, die weltweit bewundert wird. Außerdem beherbergt die Arena seit 2012 das FC Bayern Museum, in dem sich Fans von der Geschichte des Vereins begeistern lassen können.

SIGNAL IDUNA PARK

📍 Standort:	Dortmund	📅 Eröffnung:	1974
🎟️ Kapazität:	62.000	⚙️ Austragung:	Gruppenspiele

💡 Eröffnet wurde das Stadion 1974 anlässlich der Fußball-Weltmeisterschaft. Damals hieß es noch *Westfalenstadion*. Mit einer Kapazität von über 81.000 Zuschauern bei nationalen Spielen ist es das größte Fußballstadion Deutschlands. Die Südtribüne, auch bekannt als die *Gelbe Wand*, ist außerdem die größte Stehplatztribüne Europas und hat Platz für rund 25.000 Fans. Sie ist berühmt für ihre beeindruckende Atmosphäre und Lautstärke.
Weiterhin legt das Stadion Wert auf Nachhaltigkeit. So gibt es eine Solaranlage auf dem Dach und der Rasen verfügt nicht nur über eine hochentwickelte Rasenheizung, sondern wird mit Regenwasser bewässert.

VELTINS-ARENA

📍 Standort:	Gelsenkirchen	📅 Eröffnung:	2001
🪑 Kapazität:	50.000	⚽ Austragung:	Gruppenspiele

Die **VELTINS-Arena**, auch bekannt als *Arena AufSchalke*, ist eins der modernsten Stadien Deutschlands. Es ist nicht nur berühmt für sein verschließbares Dach, sondern vor allem für den ausfahrbaren Rasen. Diese weltweit einzigartige Technologie schützt den Rasen vor Abnutzung bei Nicht-Fußball-Veranstaltungen und sichert optimale Spielbedingungen.
Das Stadion setzt neue Maßstäbe in der modernen Stadionarchitektur und bietet gleichzeitig eine Atmosphäre, die die Fußballkultur im Ruhrgebiet widerspiegelt.

RED BULL ARENA

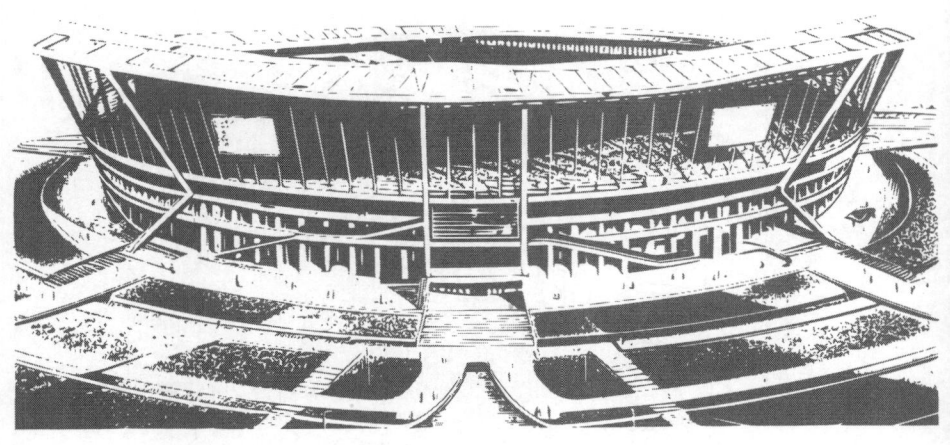

Standort:	Leipzig	**Eröffnung:**	2004
Kapazität:	40.000	**Austragung:**	Gruppenspiele

Die **Red Bull Arena** in Leipzig ist der kleinste Austragungsort der EM 2024. Das Stadion, neben *RB Arena* auch weiterhin *Zentralstadion* genannt, wurde auf den Grundmauern des alten *Stadions der Hunderttausend* erbaut, das unglaubliche 100.000 unüberdachte Plätze bot. Die Kapazität musste allerdings um mehr als die Hälfte verringert werden.

Der Wall des alten Zentralstadions blieb aber tatsächlich erhalten, sodass das Heimstadion des RB Leipzig nicht nur für Spitzenfußball, sondern auch für eine gelungene Vereinigung von historischem Erbe und moderner Sportstätte steht.

MERKUR SPIEL-ARENA

Standort:	Düsseldorf		**Eröffnung:**	2004
Kapazität:	47.000		**Austragung:**	Gruppenspiele

Das ehemalige *Rheinstadion* musste 2002 der neuen Heimat von Fortuna Düsseldorf weichen. Die neue Multifunktionsarena brachte viele technische Neuerungen mit sich: Das schließbare Dach gestattet nun, Veranstaltungen bei fast jedem Wetter durchzuführen. Von Vorteil ist außerdem die moderne Stadionheizung, die den Innenraum auch im Winter bei -5 °C auf ca. 15 °C erwärmen kann. Gerade in der kälteren Jahreszeit bietet der beheizbare Rasen ideale Spielbedingungen.

Interessant ist auch, dass die Zuschauersitze scheinbar willkürliche Farben haben. Deren Anordnung ist allerdings geschickt geplant und lässt das Stadion im Fernsehen auch bei wenig Publikum gut gefüllt erscheinen.

RHEINENERGIESTADION

📍	Standort: Köln		📅	Eöffnung: 1975
🎟	Kapazität: 43.000		⚽	Austragung: Gruppenspiele

Das *Müngersdorfer Stadion* wurde 1975 auf dem Grund seines Vorgängers errichtet, dessen Geschichte bis in die 1920er-Jahre zurückreicht. Englische Fußballstadien dienten mit ihrer rechteckigen Form als Vorbild. Das heutige **RheinEnergieSTADION** wurde für die Fußball-Weltmeisterschaft 2006 umfassend modernisiert. Die Überdachungen der Zuschauerränge aus Glas und Metall sind an den vier markanten Eckpfeilern an festen Stahlseilen aufgehängt. Seit dem Umbau zeichnet sich das Stadion außerdem durch sein umweltfreundliches Management aus.

04
DIE GRUPPEN

DIE GRUPPEN

GRUPPE A		GRUPPE B	
✖	Deutschland	✖	Spanien
✖	Schottland	✖	Kroatien
✖	Ungarn	✖	Italien
✖	Schweiz	✖	Albanien

GRUPPE C		GRUPPE D	
✖	Slowenien	✖	Polen
✖	Dänemark	✖	Niederlande
✖	Serbien	✖	Österreich
✖	England	✖	Frankreich

GRUPPE E		GRUPPE F	
✖	Belgien	✖	Türkei
✖	Slowakei	✖	Georgien
✖	Rumänien	✖	Portugal
✖	Ukraine	✖	Tschechien

05

DFB-TEAM

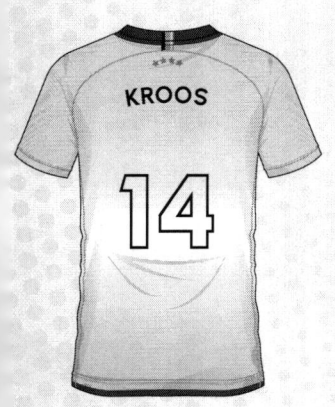

DFB-TEAM

TOR

MANUEL NEUER — 01
Bayern München
27. März 1986
Tore: 0
Spiele: 117

MARC-ANDRÉ TER STEGEN — 02
FC Barcelona
30. April 1992
Tore: 0
Spiele: 40

OLIVER BAUMANN — 03
TSG Hoffenheim
2. Juni 1990
Tore: 0
Spiele: 0

BERND LENO — 04
FC Fulham
4. März 1992
Tore: 0
Spiele: 9

DFB-TEAM

ABWEHR

ANTONIO RÜDIGER — 05
Real Madrid
3. März 1993
Tore: 3
Spiele: 68

BENJAMIN HENRICHS — 06
RB Leipzig
23. Februar 1997
Tore: 0
Spiele: 14

DAVID RAUM — 07
RB Leipzig
22. April 1998
Tore: 0
Spiele: 20

MAXIMILIAN MITTELSTÄDT — 08
VfB Stuttgart
18. März 1997
Tore: 1
Spiele: 2

WALDEMAR ANTON — 09
VfB Stuttgart
20. Juli 1996
Tore: 0
Spiele: 1

JOSHUA KIMMICH — 10
Bayern München
8. Februar 1995
Tore: 6
Spiele: 84

DFB-TEAM

ABWEHR

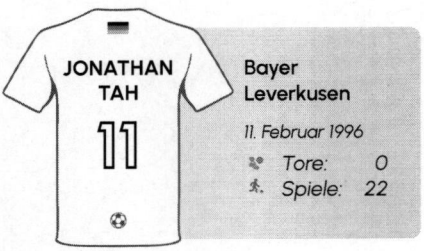

JONATHAN TAH
11
Bayer Leverkusen
11. Februar 1996
Tore: 0
Spiele: 22

JAN-NIKLAS BESTE
12
FC Heidenheim
4. Januar 1999
Tore: 0
Spiele: 0

DFB-TEAM

MITTELFELD

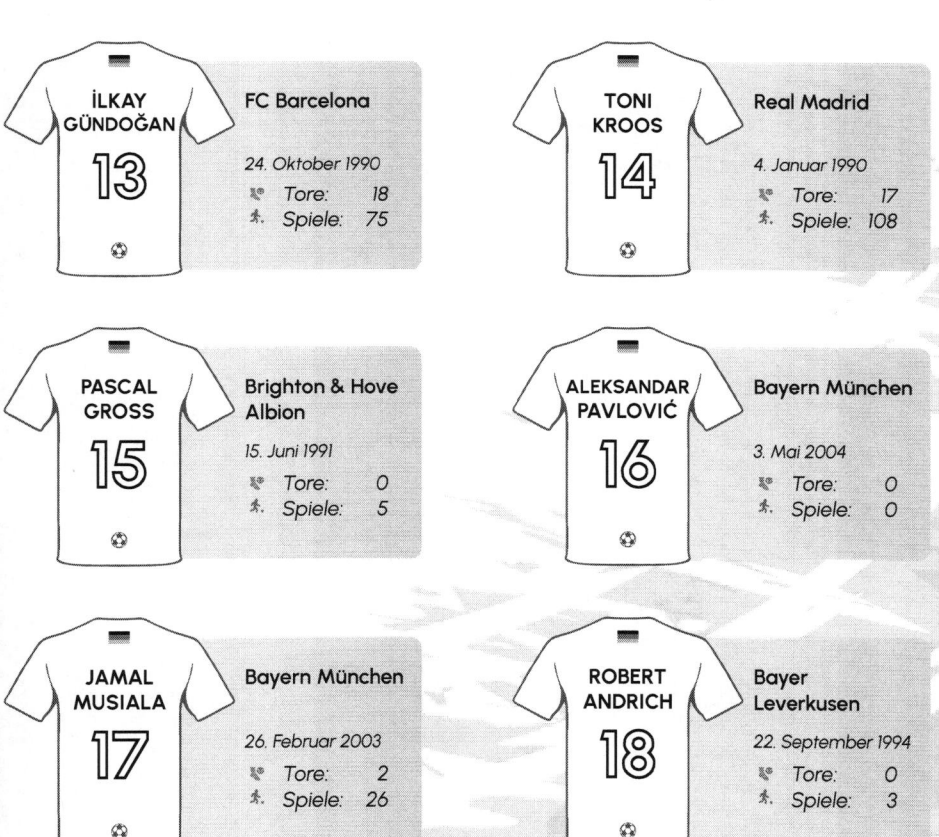

İLKAY GÜNDOĞAN — 13
FC Barcelona
24. Oktober 1990
Tore: 18
Spiele: 75

TONI KROOS — 14
Real Madrid
4. Januar 1990
Tore: 17
Spiele: 108

PASCAL GROSS — 15
Brighton & Hove Albion
15. Juni 1991
Tore: 0
Spiele: 5

ALEKSANDAR PAVLOVIĆ — 16
Bayern München
3. Mai 2004
Tore: 0
Spiele: 0

JAMAL MUSIALA — 17
Bayern München
26. Februar 2003
Tore: 2
Spiele: 26

ROBERT ANDRICH — 18
Bayer Leverkusen
22. September 1994
Tore: 0
Spiele: 3

DFB-TEAM

MITTELFELD

FLORIAN WIRTZ — 19
Bayer Leverkusen
3. Mai 2003
Tore: 1
Spiele: 16

CHRIS FÜHRICH — 20
VfB Stuttgart
9. Januar 1998
Tore: 0
Spiele: 3

DFB-TEAM

ANGRIFF

LEROY SANÉ — 21
Bayern München
11. Januar 1996
Tore: 13
Spiele: 59

THOMAS MÜLLER — 22
Bayern München
13. September 1989
Tore: 45
Spiele: 128

NICLAS FÜLLKRUG — 23
Borussia Dortmund
9 February 1993
Tore: 11
Spiele: 15

MAXIMILIAN BEIER — 24
TSG Hoffenheim
17. Oktober 2002
Tore: 0
Spiele: 0

DENIZ UNDAV — 25
VfB Stuttgart
19. Juli 1996
Tore: 0
Spiele: 1

KAI HAVERTZ — 26
FC Arsenal
11. Juni 1999
Tore: 15
Spiele: 44

06
GRUPPENPHASE

SPIELPLAN

☑	DATUM	ZEIT	GRUPPE	PARTIE
☐	14. Juni 2024	21:00	A	Deutschland vs. Schottland
☐	15. Juni 2024	15:00	A	Ungarn vs. Schweiz
☐	15. Juni 2024	18:00	B	Spanien vs. Kroatien
☐	15. Juni 2024	21:00	B	Italien vs. Albanien
☐	16. Juni 2024	15:00	D	Polen vs. Niederlande
☐	16. Juni 2024	18:00	C	Slowenien vs. Dänemark
☐	16. Juni 2024	21:00	C	Serbien vs. England
☐	17. Juni 2024	15:00	E	Rumänien vs. Ukraine
☐	17. Juni 2024	18:00	E	Belgien vs. Slowakei
☐	17. Juni 2024	21:00	D	Österreich vs. Frankreich
☐	18. Juni 2024	18:00	F	Türkei vs. Georgien
☐	18. Juni 2024	21:00	F	Portugal vs. Tschechien
☐	19. Juni 2024	15:00	B	Kroatien vs. Albanien
☐	19. Juni 2024	18:00	A	Deutschland vs. Ungarn
☐	19. Juni 2024	21:00	A	Schottland vs. Schweiz
☐	20. Juni 2024	15:00	C	Slowenien vs. Serbien
☐	20. Juni 2024	18:00	C	Dänemark vs. England

SPIELPLAN

☑	DATUM	ZEIT	GRUPPE	PARTIE
☐	20. Juni 2024	21 : 00	B	Spanien vs. Italien
☐	21. Juni 2024	15 : 00	E	Slowakei vs. Ukraine
☐	21. Juni 2024	18 : 00	D	Polen vs. Österreich
☐	21. Juni 2024	21 : 00	D	Niederlande vs. Frankreich
☐	22. Juni 2024	15 : 00	F	Georgien vs. Tschechien
☐	22. Juni 2024	18 : 00	F	Türkei vs. Portugal
☐	22. Juni 2024	21 : 00	E	Belgien vs. Rumänien
☐	23. Juni 2024	21 : 00	A	Schweiz vs. Deutschland
☐	23. Juni 2024	21 : 00	A	Schottland vs. Ungarn
☐	24. Juni 2024	21 : 00	B	Kroatien vs. Italien
☐	24. Juni 2024	21 : 00	B	Albanien vs. Spanien
☐	25. Juni 2024	18 : 00	D	Niederlande vs. Österreich
☐	25. Juni 2024	18 : 00	D	Frankreich vs. Polen
☐	25. Juni 2024	21 : 00	C	England vs. Slowenien
☐	25. Juni 2024	21 : 00	C	Dänemark vs. Serbien
☐	26. Juni 2024	18 : 00	E	Slowakei vs. Rumänien
☐	26. Juni 2024	18 : 00	E	Ukraine vs. Belgien

SPIELPLAN

☑	DATUM	ZEIT	GRUPPE	PARTIE
☐	26. Juni 2024	21:00	F	Tschechien vs. Türkei
☐	26. Juni 2024	21:00	F	Georgien vs. Portugal

DEINE TIPPS

GRUPPE A | 21:00 | 14. JUNI 2024

DEUTSCHLAND VS. SCHOTTLAND

TIPP: 4 : 2

ERGEBNIS: ☐ : ☐

RÄTSEL

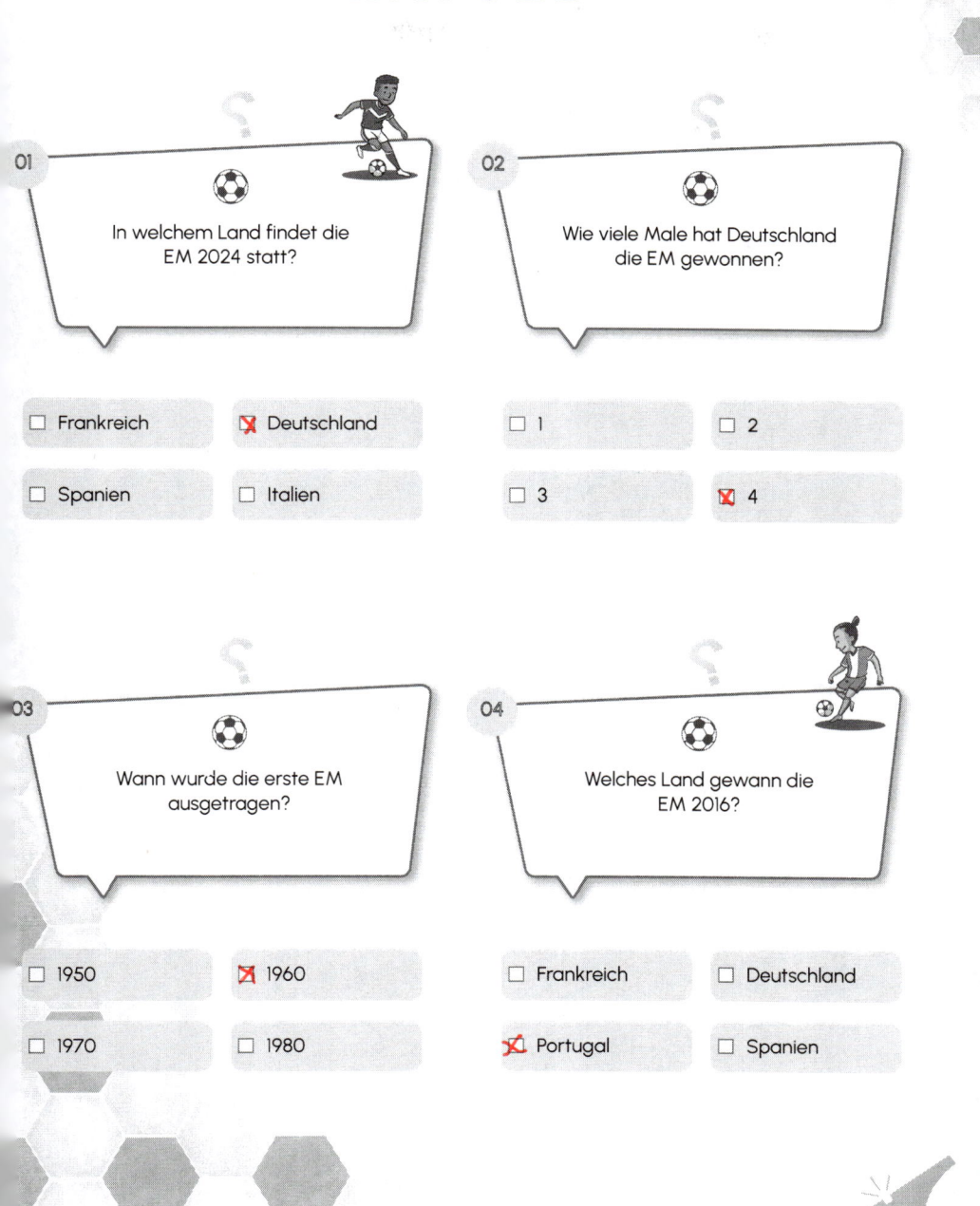

01 In welchem Land findet die EM 2024 statt?

- ☐ Frankreich
- ☒ Deutschland
- ☐ Spanien
- ☐ Italien

02 Wie viele Male hat Deutschland die EM gewonnen?

- ☐ 1
- ☐ 2
- ☐ 3
- ☒ 4

03 Wann wurde die erste EM ausgetragen?

- ☐ 1950
- ☒ 1960
- ☐ 1970
- ☐ 1980

04 Welches Land gewann die EM 2016?

- ☐ Frankreich
- ☐ Deutschland
- ☒ Portugal
- ☐ Spanien

DEINE TIPPS

GRUPPE A | 15:00 | 15. JUNI 2024

UNGARN   VS.   SCHWEIZ

TIPP   ERGEBNIS

0 : 1   ☐ : ☐

GRUPPE B | 18:00 | 15. JUNI 2024

SPANIEN   VS.   KROATIEN

TIPP   ERGEBNIS

2 : 1   ☐ : ☐

GRUPPE B | 21:00 | 15. JUNI 2024

ITALIEN   VS.   ALBANIEN

TIPP   ERGEBNIS

4 : 0   ☐ : ☐

RÄTSEL

01

J	L	T	D	O	R	N	S	Z	Z	H	F	R	M	C	L	T	L	A	I
Q	G	U	G	T	Y	A	F	X	N	B	J	T	E	X	R	G	Z	G	G
T	B	Y	T	S	A	A	I	B	T	B	U	P	O	M	Z	H	V	R	H
O	D	R	U	I	J	Y	D	W	N	I	U	F	S	Y	L	D	X	S	D
R	E	U	R	A	K	S	S	P	I	L	N	X	I	U	J	L	R	A	G
E	U	N	N	F	U	S	S	B	A	L	L	L	E	O	P	J	E	W	F
S	T	G	I	I	R	E	B	E	Y	B	N	E	L	A	N	I	F	U	A
V	S	U	E	P	W	E	E	Q	G	U	Y	K	M	N	E	R	U	A	N
I	C	U	R	R	M	Q	M	B	X	E	Q	F	U	H	L	R	S	O	S
F	H	P	X	X	X	A	C	M	H	S	P	H	E	L	M	E	O	K	E
S	L	P	L	R	E	J	Y	A	G	Y	H	C	I	Y	P	L	J	X	C
K	A	M	N	T	F	A	H	C	S	N	N	A	M	J	L	M	H	I	J
V	N	L	N	X	S	K	P	N	M	L	W	U	W	C	X	G	R	Q	C
X	D	T	H	R	K	P	O	E	E	B	L	W	N	D	V	C	B	P	Q
S	D	P	N	O	K	B	N	S	C	Z	E	D	F	P	Y	T	R	U	L
X	D	U	K	T	G	S	A	B	Z	A	N	E	I	D	A	T	S	F	P
P	Z	G	A	G	T	Q	U	A	L	I	F	I	K	A	T	I	O	N	U
A	H	U	K	R	I	Y	K	D	C	N	O	J	O	I	A	L	W	L	C
D	W	A	E	R	H	N	E	J	F	I	O	T	N	C	L	C	J	I	S
G	B	N	X	I	I	N	B	T	X	L	P	H	A	B	T	Z	I	V	L

- ~~Deutschland~~
- ~~Fußball*~~
- ~~EM~~
- ~~Tore~~
- ~~Qualifikation~~
- ~~Mannschaft~~
- Turnier
- Stadien
- ~~Finale~~
- ~~Fans~~

* Im Suchgitter werden alle Wörter statt mit **ß** mit **ss** geschrieben.

DEINE TIPPS

GRUPPE D | 15:00 | 16. JUNI 2024

POLEN VS. NIEDERLANDE

TIPP   ERGEBNIS

1 : 2   ☐ : ☐

GRUPPE C | 18:00 | 16. JUNI 2024

SLOWENIEN VS. DÄNEMARK

TIPP   ERGEBNIS

0 : 5   ☐ : ☐

GRUPPE C | 21:00 | 16. JUNI 2024

SERBIEN VS. ENGLAND

TIPP   ERGEBNIS

7 : 6   ☐ : ☐

RÄTSEL

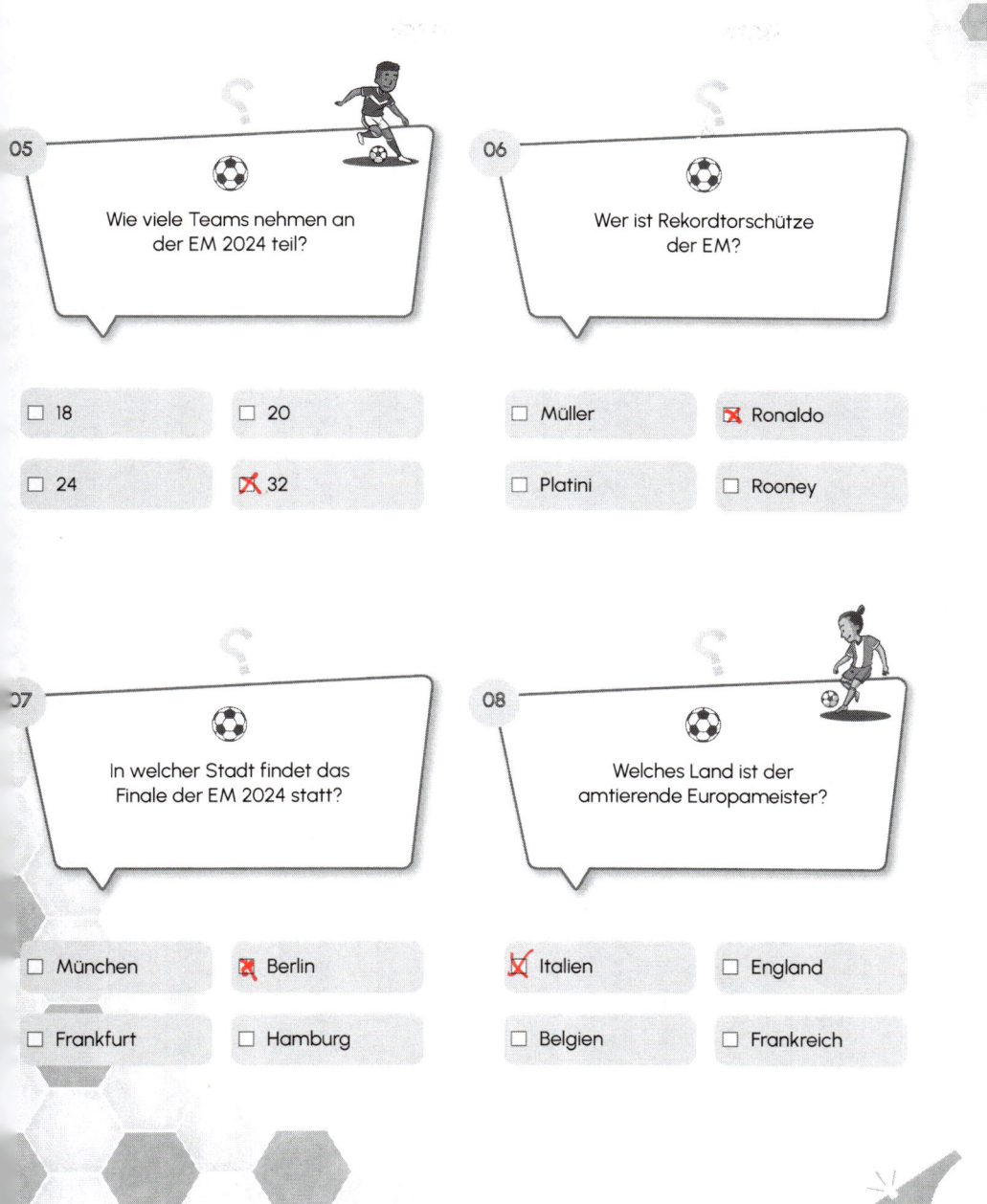

05 Wie viele Teams nehmen an der EM 2024 teil?

- ☐ 18
- ☐ 24
- ☐ 20
- ☒ 32

06 Wer ist Rekordtorschütze der EM?

- ☐ Müller
- ☐ Platini
- ☒ Ronaldo
- ☐ Rooney

07 In welcher Stadt findet das Finale der EM 2024 statt?

- ☐ München
- ☐ Frankfurt
- ☒ Berlin
- ☐ Hamburg

08 Welches Land ist der amtierende Europameister?

- ☒ Italien
- ☐ Belgien
- ☐ England
- ☐ Frankreich

DEINE TIPPS

GRUPPE E | 15:00 | 17. JUNI 2024

RUMÄNIEN VS. UKRAINE

TIPP ⬜ : ⬜   ERGEBNIS ⬜ : ⬜

GRUPPE E | 18:00 | 17. JUNI 2024

BELGIEN VS. SLOWAKEI

TIPP ⬜ : ⬜   ERGEBNIS ⬜ : ⬜

GRUPPE D | 21:00 | 17. JUNI 2024

ÖSTERREICH VS. FRANKREICH

TIPP ⬜ : ⬜   ERGEBNIS ⬜ : ⬜

RÄTSEL
02

Y	Q	F	S	C	H	I	E	D	S	R	I	C	H	T	E	R	V	Z	P
W	P	T	B	P	Z	H	A	Q	C	T	V	J	N	X	N	Q	K	R	P
U	K	E	N	I	T	U	R	E	T	E	M	F	L	E	B	X	U	J	L
F	R	E	I	S	T	O	S	S	A	U	T	V	V	H	H	V	G	Z	G
J	U	K	F	M	E	L	A	N	I	F	B	L	A	H	Z	Y	N	S	R
C	I	I	S	U	N	Q	D	I	P	Q	B	D	I	F	Z	H	A	L	U
G	S	O	D	Z	Q	Z	N	E	K	N	A	L	F	R	H	F	S	U	P
H	V	M	I	L	T	Z	U	C	N	D	U	A	X	E	L	V	X	L	P
N	T	C	W	Q	F	T	D	D	I	T	F	T	R	R	C	H	Z	X	E
U	H	E	O	Y	G	X	E	Z	M	X	Y	X	S	B	T	X	B	B	N
Z	J	H	Y	K	N	J	H	A	R	M	M	X	P	N	A	I	G	X	Y	P
T	G	H	T	I	Z	E	R	K	E	Z	H	V	M	H	X	T	L	J	H
Q	S	E	I	N	W	E	C	H	S	L	U	N	G	E	N	N	V	Y	A
Q	U	F	S	E	Q	E	D	S	R	B	N	I	C	W	E	D	A	T	S
Q	F	N	V	U	T	E	W	T	W	S	F	U	N	T	E	M	R	R	E
L	E	H	P	E	N	O	U	H	N	A	D	B	I	L	Q	J	I	A	D
F	N	A	D	U	A	H	U	V	M	Z	V	P	P	J	X	K	C	I	H
K	U	E	K	C	E	N	Y	M	D	T	R	O	E	I	Z	J	X	N	F
V	R	F	T	K	Q	T	H	L	C	T	W	D	H	P	V	V	L	E	V
K	M	D	B	T	X	X	V	G	L	B	X	V	R	J	E	J	K	R	E

- Schiedsrichter
- Gruppenphase
- Elfmeter
- Halbfinale
- Trainer
- Flanken
- Einwechslungen
- Ecke
- Freistoß
- VAR

DEINE TIPPS

GRUPPE F | 18:00 | 18. JUNI 2024

TÜRKEI VS GEORGIEN

TIPP ☐ : ☐   ERGEBNIS ☐ : ☐

GRUPPE F | 21:00 | 18. JUNI 2024

PORTUGAL VS TSCHECHIEN

TIPP ☐ : ☐   ERGEBNIS ☐ : ☐

GOAL!

RÄTSEL

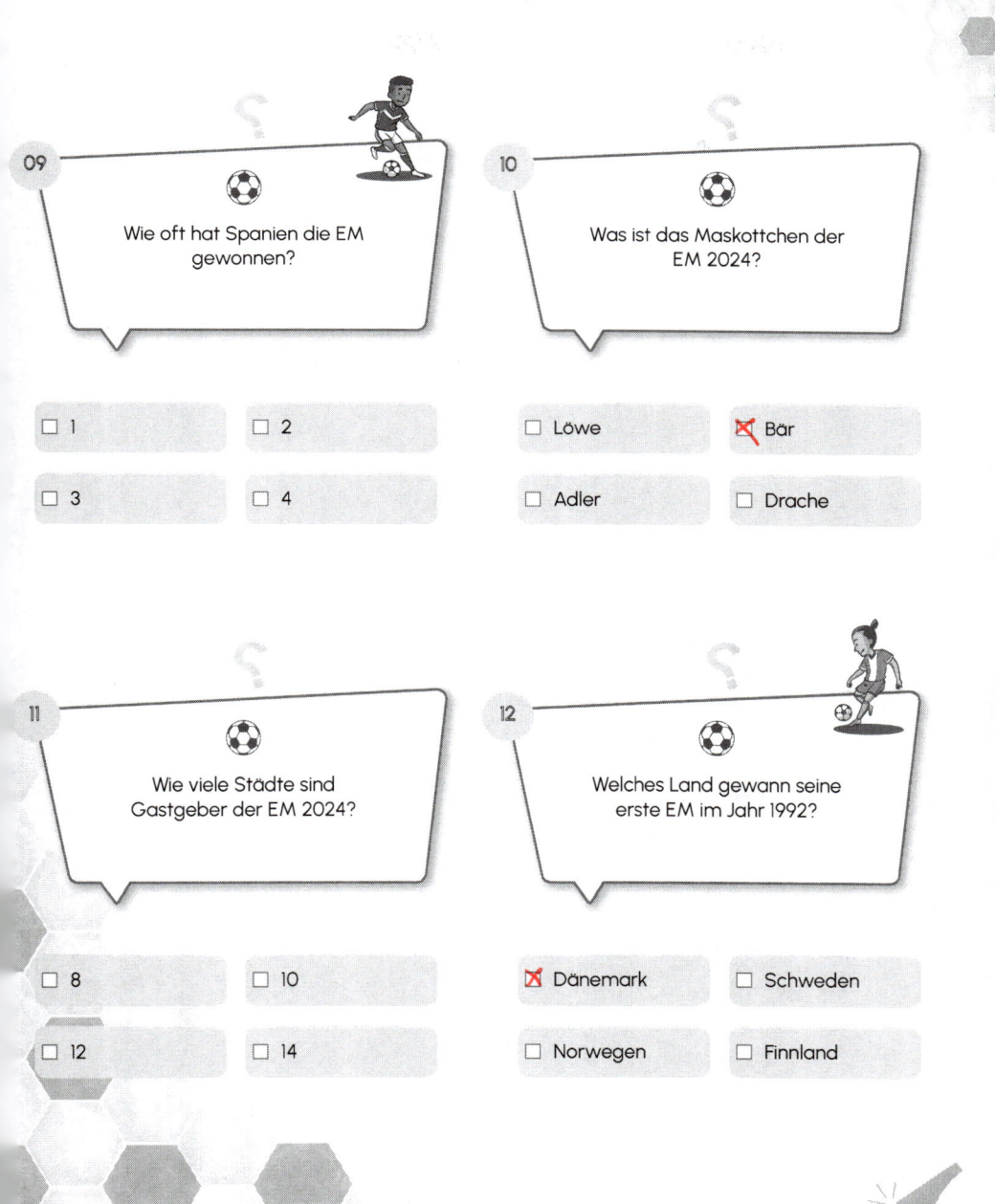

09 Wie oft hat Spanien die EM gewonnen?

- ☐ 1
- ☐ 2
- ☐ 3
- ☐ 4

10 Was ist das Maskottchen der EM 2024?

- ☐ Löwe
- ☒ Bär
- ☐ Adler
- ☐ Drache

11 Wie viele Städte sind Gastgeber der EM 2024?

- ☐ 8
- ☐ 10
- ☐ 12
- ☐ 14

12 Welches Land gewann seine erste EM im Jahr 1992?

- ☒ Dänemark
- ☐ Schweden
- ☐ Norwegen
- ☐ Finnland

DEINE TIPPS

GRUPPE B | 15:00 | 19. JUNI 2024

KROATIEN VS. ALBANIEN

TIPP ERGEBNIS

☐ : ☐   ☐ : ☐

GRUPPE A | 18:00 | 19. JUNI 2024

DEUTSCHLAND VS. UNGARN

TIPP ERGEBNIS

☐ : ☐   ☐ : ☐

GRUPPE A | 21:00 | 19. JUNI 2024

SCHOTTLAND VS. SCHWEIZ

TIPP ERGEBNIS

☐ : ☐   ☐ : ☐

RÄTSEL

03

I	P	J	Q	M	I	D	S	W	I	U	E	Z	B	B	K	U	J	J
W	C	X	D	E	G	K	R	P	S	J	U	L	F	Q	G	L	V	Z	D
L	Y	R	O	P	N	M	T	D	M	R	V	H	I	X	C	W	A	F	Z
H	S	A	C	N	E	A	T	I	P	A	K	F	B	X	W	O	M	I	R
C	S	T	E	K	C	I	T	V	T	G	R	I	A	F	U	N	J	I	H
R	K	N	W	L	B	S	D	I	Q	H	L	G	H	Z	E	T	R	A	K
S	P	T	S	L	C	R	I	U	N	V	U	L	A	W	W	I	Q	B	Z
V	T	M	K	O	T	E	F	N	G	O	E	T	R	A	K	W	I	T	I
Y	O	C	G	N	W	R	O	T	E	P	D	C	H	I	T	J	U	Z	K
F	R	B	I	I	R	S	A	H	I	A	N	S	T	O	S	S	T	L	D
P	W	L	A	E	L	I	V	B	H	E	M	V	U	S	R	S	U	N	H
M	A	X	H	A	U	J	E	F	G	E	J	H	B	H	G	A	N	B	I
Y	R	N	Q	X	A	B	S	E	I	T	S	L	T	G	V	J	D	V	D
E	T	E	H	P	O	K	A	L	B	K	Q	C	I	U	E	K	S	A	U
R	L	K	O	L	B	N	E	H	C	T	T	O	K	S	A	M	N	X	J
L	Q	M	F	R	N	P	U	N	H	G	B	T	A	A	R	Q	E	L	X
B	Z	F	O	Z	S	P	M	Z	J	X	X	I	T	M	P	Q	H	V	H
M	L	G	O	T	D	L	Z	S	T	O	Q	J	P	B	V	U	K	F	U
B	I	V	I	B	N	A	H	K	T	O	H	Y	O	D	Q	Q	K	T	T
B	P	N	A	D	S	Y	V	V	P	T	S	I	A	X	T	J	T	S	I

- ✳ Maskottchen
- ✳ Tickets
- ✳ Fair Play
- ✳ Kapitän*
- ✳ Torwart
- ✳ Abseits
- ✳ Pokal
- ✳ Karte
- ✳ Rote Karte
- ✳ Anstoß

* Umlaute werden im Suchgitter ausgeschrieben: ä = ae, ö = oe, ü = ue.

DEINE TIPPS

GRUPPE C | 15:00 | 20. JUNI 2024

SLOWENIEN VS. SERBIEN

TIPP ⬜ : ⬜   ERGEBNIS ⬜ : ⬜

GRUPPE C | 18:00 | 20. JUNI 2024

DÄNEMARK VS. ENGLAND

TIPP ⬜ : ⬜   ERGEBNIS ⬜ : ⬜

GRUPPE B | 21:00 | 20. JUNI 2024

SPANIEN VS. ITALIEN

TIPP ⬜ : ⬜   ERGEBNIS ⬜ : ⬜

RÄTSEL

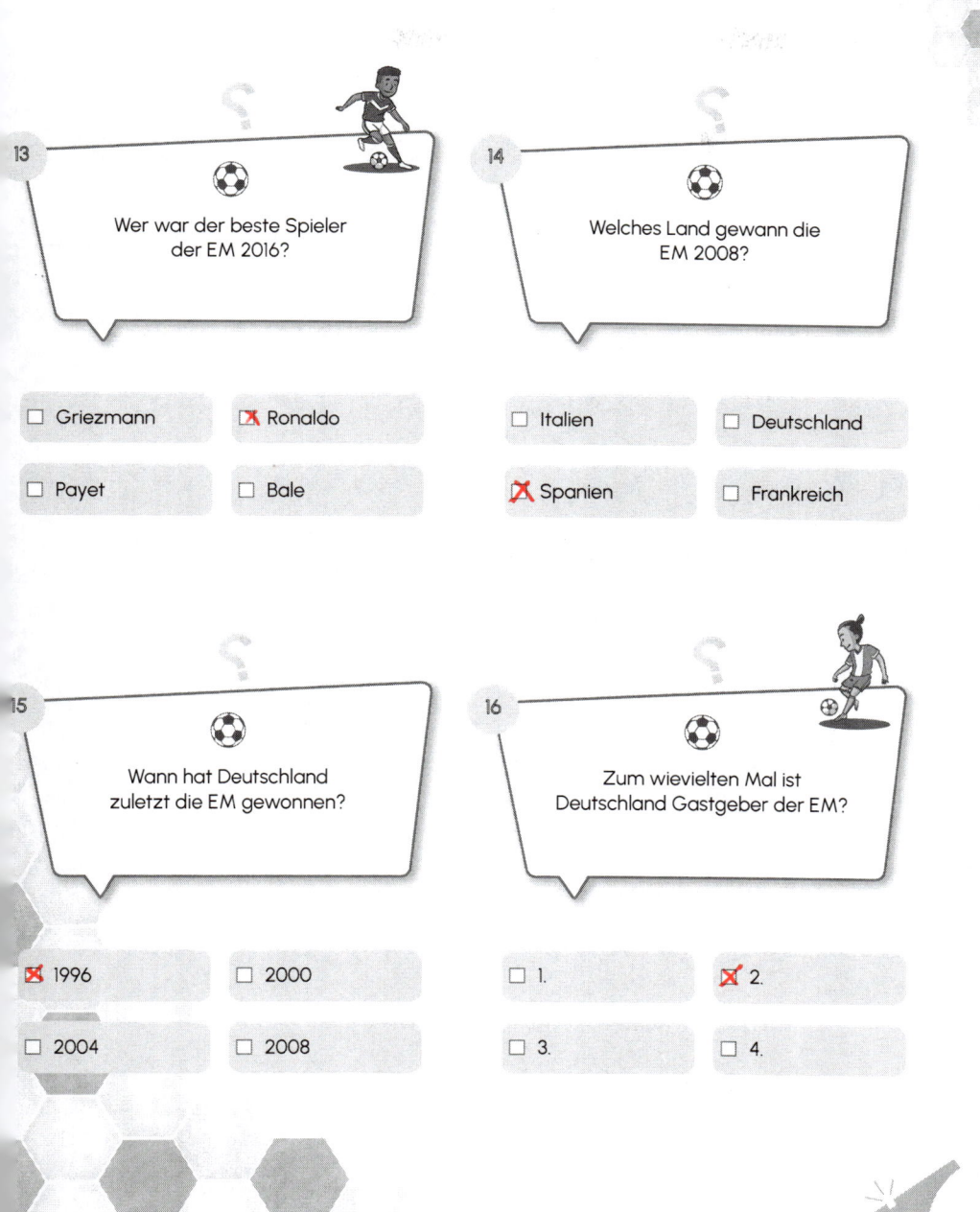

13 Wer war der beste Spieler der EM 2016?

- [ ] Griezmann
- [x] Ronaldo
- [ ] Payet
- [ ] Bale

14 Welches Land gewann die EM 2008?

- [ ] Italien
- [ ] Deutschland
- [x] Spanien
- [ ] Frankreich

15 Wann hat Deutschland zuletzt die EM gewonnen?

- [x] 1996
- [ ] 2000
- [ ] 2004
- [ ] 2008

16 Zum wievielten Mal ist Deutschland Gastgeber der EM?

- [ ] 1.
- [x] 2.
- [ ] 3.
- [ ] 4.

DEINE TIPPS

GRUPPE E | 15:00 | 21. JUNI 2024

SLOWAKEI VS. UKRAINE

TIPP   ERGEBNIS

☐ : ☐   ☐ : ☐

GRUPPE D | 18:00 | 21. JUNI 2024

POLEN VS. ÖSTERREICH

TIPP   ERGEBNIS

☐ : ☐   ☐ : ☐

GRUPPE D | 21:00 | 21. JUNI 2024

NIEDERLANDE VS. FRANKREICH

TIPP   ERGEBNIS

☐ : ☐   ☐ : ☐

RÄTSEL 04

L	G	S	Q	R	R	X	R	W	G	T	M	W	S	N	U	R	T	A	W
L	H	P	N	Q	M	K	V	U	W	Q	W	B	H	I	K	M	E	X	I
D	P	Q	N	R	G	E	M	F	O	Y	X	G	A	Q	M	P	I	G	Z
T	B	X	I	N	X	B	N	G	Y	W	G	D	A	W	Q	Y	O	Y	M
A	O	K	H	T	V	E	L	E	H	Z	A	M	F	J	P	Z	I	Q	U
O	E	B	F	E	O	Q	M	I	V	N	L	B	C	U	G	O	D	Q	A
B	V	H	Y	M	N	E	N	G	C	R	S	X	J	A	E	Z	G	A	W
H	L	P	F	O	S	T	E	N	X	D	W	G	V	D	K	J	N	D	V
X	R	M	F	I	I	K	O	P	F	B	A	L	L	F	D	W	K	D	J
U	F	M	W	S	X	U	T	F	A	N	M	E	I	L	E	X	J	R	D
T	D	V	K	N	A	B	L	E	S	H	C	E	W	S	U	A	Q	A	R
A	E	U	E	I	F	Z	T	L	U	N	U	M	U	T	D	P	U	N	I
N	K	K	G	T	V	D	X	N	V	D	H	A	P	A	L	E	G	Y	B
G	N	F	E	O	R	B	J	H	H	L	O	S	A	F	H	J	W	L	B
R	A	T	S	E	Q	O	I	I	P	G	O	Q	C	D	L	W	T	W	L
I	F	A	B	W	E	H	R	E	L	L	Y	Z	O	G	K	E	N	H	I
F	C	D	L	E	F	L	E	T	T	I	M	D	J	T	T	A	R	T	N
F	E	J	W	U	H	X	L	Q	T	S	X	S	J	N	F	P	N	O	G
V	E	C	K	S	T	O	S	S	E	H	A	F	P	H	R	M	C	F	U
H	H	I	M	E	P	P	T	Z	U	W	M	B	J	I	K	V	Z	K	J

- Auswechselbank
- Fanmeile
- Pfosten
- Hymnen
- Mittelfeld
- Abwehr
- Angriff
- Eckstoß
- Kopfball
- Dribbling

DEINE TIPPS

GRUPPE F | 15:00 | 22. JUNI 2024

GEORGIEN VS. TSCHECHIEN

TIPP ERGEBNIS

☐ : ☐   ☐ : ☐

GRUPPE F | 18:00 | 22. JUNI 2024

TÜRKEI VS. PORTUGAL

TIPP ERGEBNIS

☐ : ☐   ☐ : ☐

GRUPPE E | 21:00 | 22. JUNI 2024

BELGIEN VS. RUMÄNIEN

TIPP ERGEBNIS

☐ : ☐   ☐ : ☐

RÄTSEL

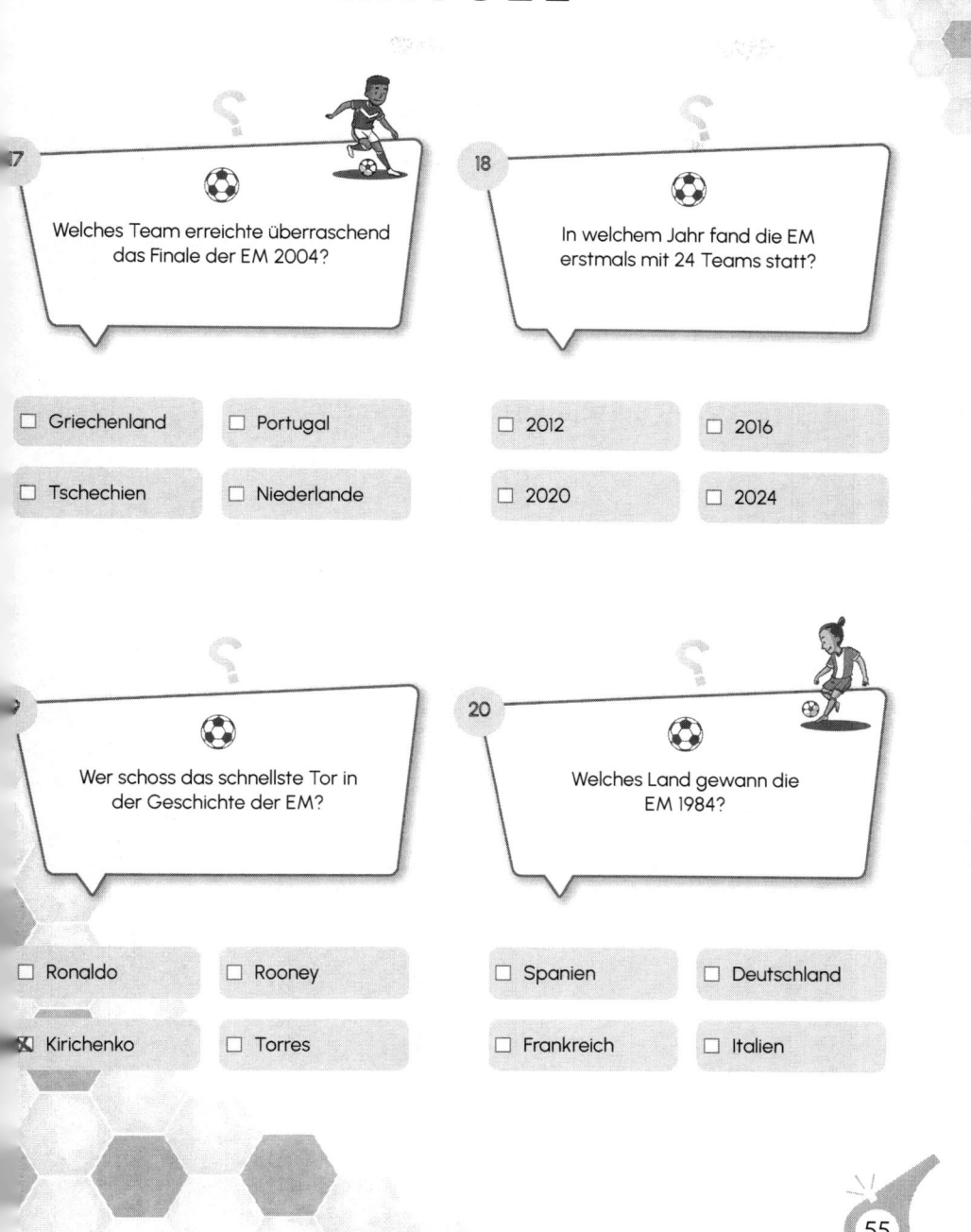

17 Welches Team erreichte überraschend das Finale der EM 2004?

☐ Griechenland ☐ Portugal
☐ Tschechien ☐ Niederlande

18 In welchem Jahr fand die EM erstmals mit 24 Teams statt?

☐ 2012 ☐ 2016
☐ 2020 ☐ 2024

19 Wer schoss das schnellste Tor in der Geschichte der EM?

☐ Ronaldo ☐ Rooney
☒ Kirichenko ☐ Torres

20 Welches Land gewann die EM 1984?

☐ Spanien ☐ Deutschland
☐ Frankreich ☐ Italien

DEINE TIPPS

GRUPPE A | 21:00 | 23. JUNI 2024

SCHWEIZ VS. DEUTSCHLAND

TIPP   ERGEBNIS

☐ : ☐   ☐ : ☐

GRUPPE A | 21:00 | 23. JUNI 2024

SCHOTTLAND VS. UNGARN

TIPP   ERGEBNIS

☐ : ☐   ☐ : ☐

GOAL!

RÄTSEL 05

D	K	T	A	G	E	I	S	F	D	B	A	Z	N	P	J	Q	G	W	A
G	S	R	G	G	B	M	X	T	O	C	J	R	P	P	T	H	P	M	I
C	Y	A	U	H	G	Y	B	Q	L	K	W	B	J	A	J	D	S	N	F
K	I	I	T	I	B	J	E	K	E	R	O	N	E	A	I	S	H	G	V
Y	K	N	P	G	S	S	A	P	G	Z	O	Z	C	L	X	G	E	F	Q
Q	F	E	X	Y	Q	D	Q	I	X	S	E	Q	C	R	A	T	O	R	A
N	Z	R	U	K	Q	V	P	S	B	H	I	W	B	V	J	A	Q	Z	K
I	Y	A	X	B	Q	W	A	C	O	K	K	K	B	R	U	Z	E	F	C	B
E	I	A	G	C	Q	E	I	G	I	H	C	H	S	P	S	V	N	I	Z
D	R	E	G	E	I	S	N	E	P	P	U	R	G	E	E	E	B	W	F
E	W	M	E	F	B	E	O	V	H	X	S	K	U	E	A	T	Z	I	R
R	D	K	I	T	K	A	T	G	W	W	D	P	A	P	L	N	B	J	K
L	C	I	I	Y	R	N	E	D	E	I	H	C	S	T	N	E	N	U	P
A	S	S	Q	O	G	X	C	J	J	I	U	C	P	Z	T	X	J	K	H
G	T	G	S	U	Z	I	W	V	F	U	S	M	E	D	G	D	Z	H	I
E	T	H	F	R	I	J	G	W	O	U	H	Y	R	D	H	B	H	S	D
I	K	N	A	F	E	U	E	N	K	A	U	S	R	I	C	H	T	E	R
P	F	H	M	A	C	F	U	A	B	A	D	U	V	N	K	B	O	A	E
T	Z	X	T	O	R	L	I	N	I	E	N	T	E	C	H	N	I	K	I
N	R	Z	G	P	X	D	T	M	N	J	S	Y	W	E	U	D	J	J	D

- Pass
- Taktik
- Sieg
- Niederlage
- Unentschieden
- Gruppensieger
- Torlinientechnik
- Ausrichter
- Trainer
- UEFA

DEINE TIPPS

GRUPPE B | 21:00 | 24. JUNI 2024

KROATIEN VS. ITALIEN

TIPP □ : □   ERGEBNIS □ : □

GRUPPE B | 21:00 | 24. JUNI 2024

ALBANIEN VS. SPANIEN

TIPP □ : □   ERGEBNIS □ : □

GOAL!

RÄTSEL

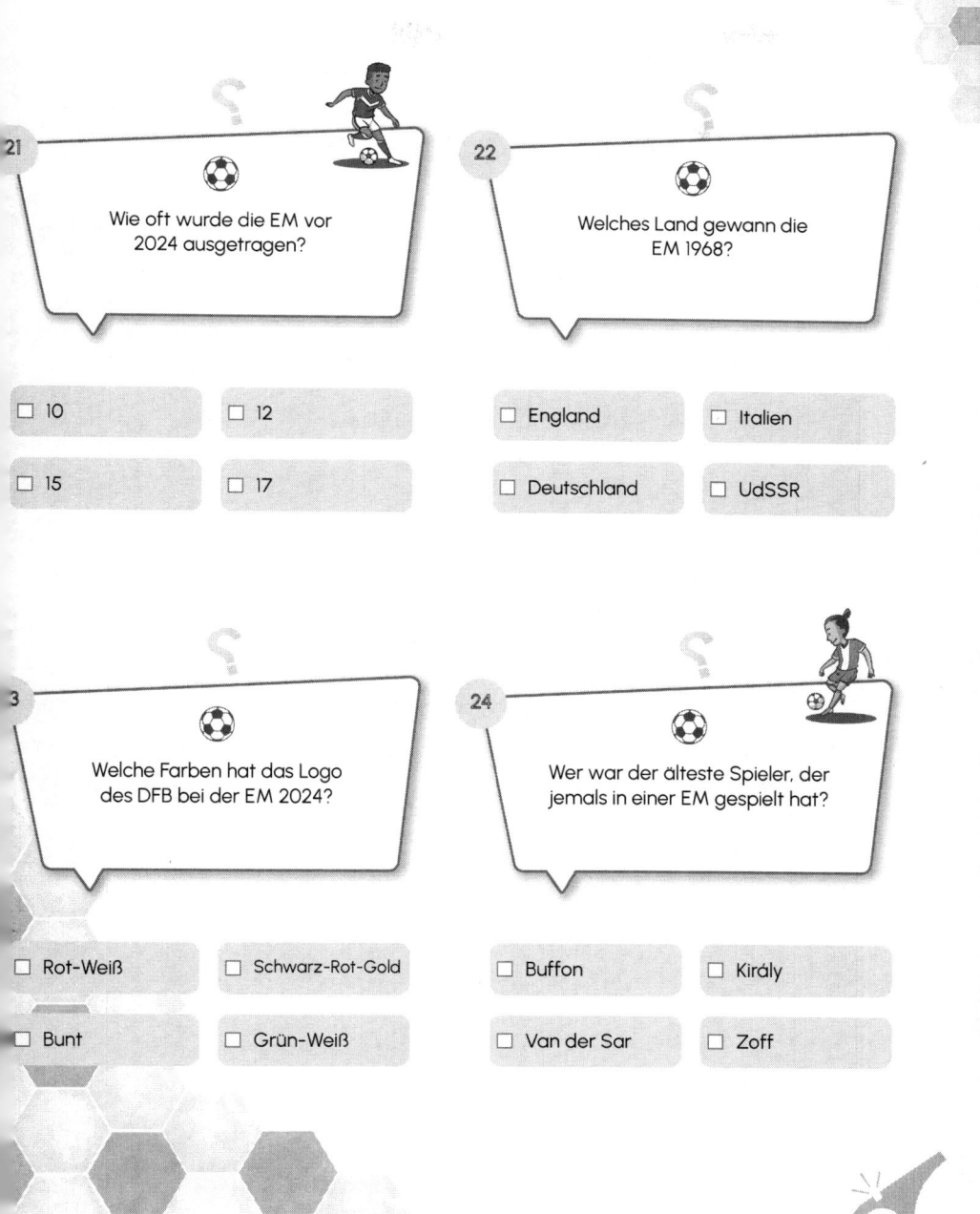

21 Wie oft wurde die EM vor 2024 ausgetragen?

- ☐ 10
- ☐ 12
- ☐ 15
- ☐ 17

22 Welches Land gewann die EM 1968?

- ☐ England
- ☐ Italien
- ☐ Deutschland
- ☐ UdSSR

23 Welche Farben hat das Logo des DFB bei der EM 2024?

- ☐ Rot-Weiß
- ☐ Schwarz-Rot-Gold
- ☐ Bunt
- ☐ Grün-Weiß

24 Wer war der älteste Spieler, der jemals in einer EM gespielt hat?

- ☐ Buffon
- ☐ Király
- ☐ Van der Sar
- ☐ Zoff

DEINE TIPPS

GRUPPE D | 18:00 | 25. JUNI 2024

NIEDERLANDE VS. ÖSTERREICH

TIPP ERGEBNIS

☐ : ☐   ☐ : ☐

GRUPPE D | 18:00 | 25. JUNI 2024

FRANKREICH VS. POLEN

TIPP ERGEBNIS

☐ : ☐   ☐ : ☐

GRUPPE C | 21:00 | 25. JUNI 2024

ENGLAND VS. SLOWENIEN

TIPP ERGEBNIS

☐ : ☐   ☐ : ☐

GRUPPE C | 21:00 | 25. JUNI 2024

DÄNEMARK VS. SERBIEN

TIPP ERGEBNIS

☐ : ☐   ☐ : ☐

RÄTSEL 06

J	H	Y	H	M	K	W	Q	R	U	X	Q	S	P	I	E	L	T	A	G
E	T	N	Z	Z	X	M	R	E	D	N	I	K	F	U	A	L	N	I	E
B	V	A	N	J	N	H	A	N	E	T	S	O	F	P	R	O	T	F	F
F	U	D	A	S	K	N	E	X	O	X	F	E	R	M	F	N	A	A	S
I	K	H	T	F	R	D	K	Y	M	R	S	C	E	G	E	M	E	N	G
A	X	T	I	M	E	D	G	N	U	L	L	E	T	S	F	U	A	A	C
B	F	Q	O	G	X	T	S	J	T	A	J	K	U	E	P	T	D	R	D
B	X	B	N	H	W	V	W	U	B	U	E	X	M	J	Z	U	H	T	M
J	D	B	A	Z	Z	V	I	C	D	Q	Q	G	I	W	R	E	P	I	T
S	V	M	L	W	G	K	A	C	L	X	M	R	U	W	G	L	U	K	I
B	I	R	H	E	M	K	I	T	K	A	T	N	P	S	D	H	S	E	M
F	C	O	Y	I	K	Z	R	U	W	J	K	P	H	E	A	N	X	L	K
B	H	C	M	K	T	P	Y	C	I	I	L	I	O	L	J	G	C	D	Y
Z	E	N	N	A	M	S	G	D	E	Z	T	I	S	E	B	L	L	A	B
M	Z	B	E	E	H	G	K	S	P	I	E	L	F	E	L	D	R	E	Y
G	T	J	Q	M	V	N	O	A	R	S	H	L	U	Q	R	B	C	S	Q
I	F	G	R	P	A	S	H	H	T	P	S	V	K	M	T	B	A	P	A
M	K	D	E	F	L	F	X	D	L	V	Z	C	G	Z	U	Y	E	L	W
A	T	X	H	E	E	N	F	R	O	G	V	D	H	H	P	O	H	G	C
G	I	G	G	Q	B	U	U	L	S	U	L	T	J	E	R	L	U	E	Q

- Ballbesitz
- Zweikämpfe
- Spieltag
- Taktik
- Fanartikel
- Aufstellung
- Nationalhymne
- Einlaufkinder
- Spielfeld
- Torpfosten

DEINE TIPPS

GRUPPE E | 18:00 | 26. JUNI 2024

SLOWAKEI VS. RUMÄNIEN

TIPP ERGEBNIS

☐ : ☐   ☐ : ☐

GRUPPE E | 18:00 | 26. JUNI 2024

UKRAINE VS. BELGIEN

TIPP ERGEBNIS

☐ : ☐   ☐ : ☐

GRUPPE F | 21:00 | 26. JUNI 2024

TSCHECHIEN VS. TÜRKEI

TIPP ERGEBNIS

☐ : ☐   ☐ : ☐

GRUPPE F | 21:00 | 26. JUNI 2024

GEORGIEN VS. PORTUGAL

TIPP ERGEBNIS

☐ : ☐   ☐ : ☐

RÄTSEL

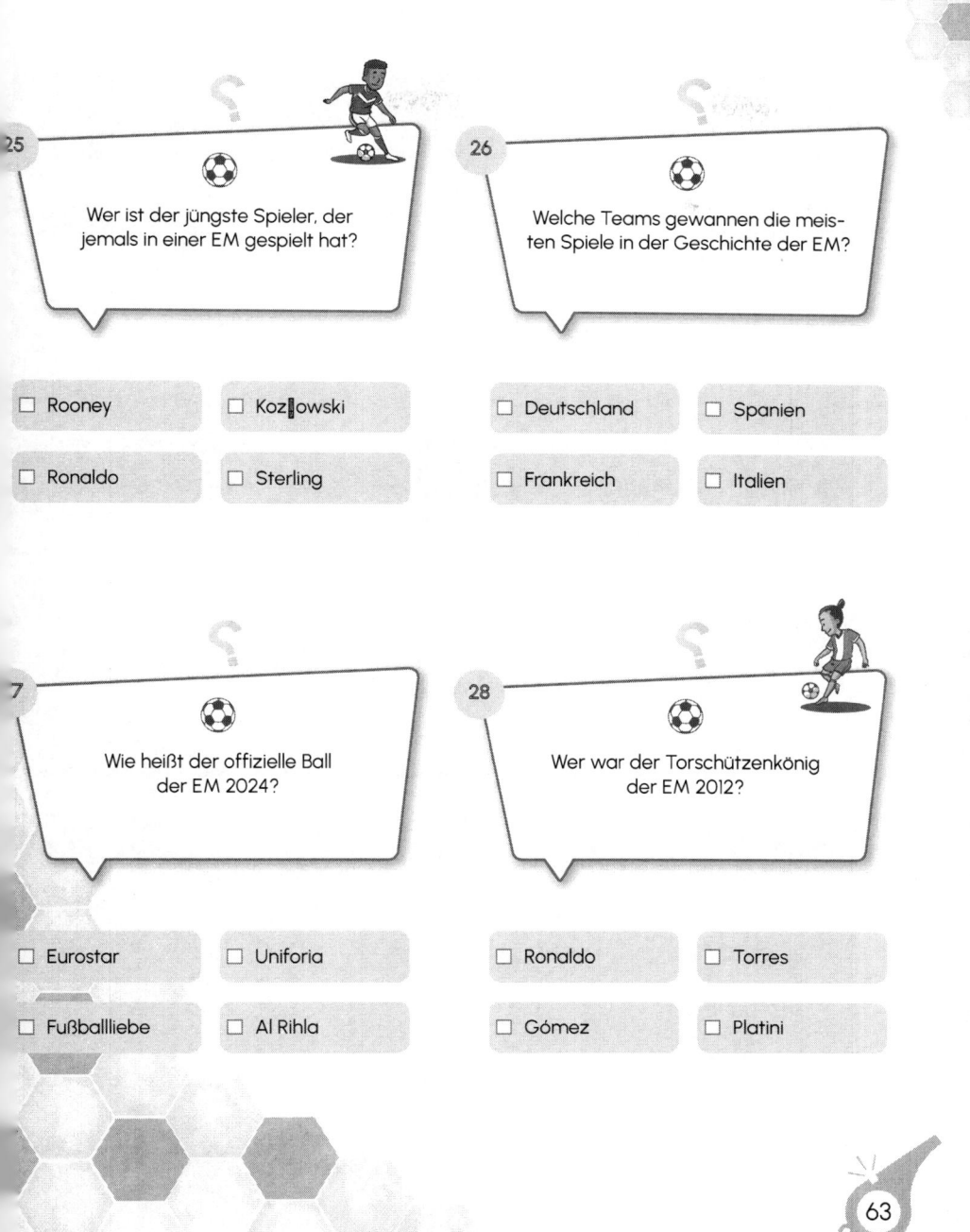

25. Wer ist der jüngste Spieler, der jemals in einer EM gespielt hat?

- ☐ Rooney
- ☐ Kozłowski
- ☐ Ronaldo
- ☐ Sterling

26. Welche Teams gewannen die meisten Spiele in der Geschichte der EM?

- ☐ Deutschland
- ☐ Spanien
- ☐ Frankreich
- ☐ Italien

27. Wie heißt der offizielle Ball der EM 2024?

- ☐ Eurostar
- ☐ Uniforia
- ☐ Fußballliebe
- ☐ Al Rihla

28. Wer war der Torschützenkönig der EM 2012?

- ☐ Ronaldo
- ☐ Torres
- ☐ Gómez
- ☐ Platini

DIE TABELLE

GRUPPE A

	Punkte	Siege	Niederlagen	Torverhältnis
✖ Deutschland				
✖ Schottland				
✖ Ungarn				
✖ Schweiz				

GRUPPE B

	Punkte	Siege	Niederlagen	Torverhältnis
✖ Spanien				
✖ Kroatien				
✖ Italien				
✖ Albanien				

GRUPPE C

	Punkte	Siege	Niederlagen	Torverhältnis
✖ Slowenien				
✖ Dänemark				
✖ Serbien				
✖ England				

DIE TABLLE

GRUPPE D

	Punkte	Siege	Niederlagen	Torverhältnis
✘ Polen				
✘ Niederlande				
✘ Österreich				
✘ Frankreich				

GRUPPE E

	Punkte	Siege	Niederlagen	Torverhältnis
✘ Belgien				
✘ Slowakei				
✘ Rumänien				
✘ Ukraine				

GRUPPE F

	Punkte	Siege	Niederlagen	Torverhältnis
✘ Türkei				
✘ Georgien				
✘ Portugal				
✘ Tschechien				

07
ACHTELFINALE

SPIELPLAN

	ZEIT	DATUM	Partie
☐	29. Juni 2024	18 : 00	Zweiter GR. A vs. Zweiter GR. B _____ vs. _____
☐	29. Juni 2024	21 : 00	Sieger GR. A vs. Zweiter GR. C _____ vs. _____
☐	30. Juni 2024	18 : 00	Sieger GR. C vs. Dritter GR. D/E/F _____ vs. _____
☐	30. Juni 2024	21 : 00	Sieger GR. B vs. Dritter GR. A/D/E/F _____ vs. _____
☐	1. Juli 2024	18 : 00	Zweiter GR. D vs. Zweiter GR. E _____ vs. _____
☐	1. Juli 2024	21 : 00	Sieger GR. F vs. Dritter GR. A/B/C _____ vs. _____
☐	2. Juli 2024	18 : 00	Sieger GR. E vs. Dritter A/B/C/D _____ vs. _____
☐	2. Juli 2024	21 : 00	Sieger GR. D vs. Zweiter GR. F _____ vs. _____

DEINE TIPPS

ACHTELFINALE 1 | 18:00 | 29. JUNI 2024

ZWEITER GR. A VS. ZWEITER GR. B

_____ VS. _____

TIPP ⬜ : ⬜   ERGEBNIS ⬜ : ⬜

ACHTELFINALE 2 | 21:00 | 29. JUNI 2024

SIEGER GR. A VS. ZWEITER GR. C

_____ VS. _____

TIPP ⬜ : ⬜   ERGEBNIS ⬜ : ⬜

GOAL!

RÄTSEL 07

M	L	O	A	X	E	D	I	H	K	K	A	D	E	Q	D	J	X	S	A
P	N	U	N	I	Q	A	L	L	A	B	L	E	I	P	S	K	P	W	A
F	I	R	T	I	E	Z	L	E	I	P	S	H	C	A	N	R	U	J	B
C	N	P	T	A	G	N	A	T	D	I	V	W	T	X	D	D	A	U	P
B	O	D	O	D	A	H	Q	D	P	B	I	U	U	X	A	D	M	H	D
W	S	J	T	D	H	D	Z	E	I	A	E	Z	D	K	F	E	Z	G	O
D	Z	D	L	R	G	A	D	P	V	C	R	E	I	Z	X	X	Y	G	E
Z	U	J	E	G	P	H	M	R	C	I	T	R	X	S	D	Z	N	U	X
P	G	C	Z	N	V	I	S	R	E	G	E	S	N	P	R	L	V	O	J
N	B	Q	H	W	G	M	R	K	B	C	L	A	R	E	N	V	N	T	K
X	F	U	S	S	B	A	L	L	C	I	F	T	E	W	G	D	T	K	B
R	I	U	M	U	P	R	E	Y	B	O	I	Z	X	C	B	U	T	E	J
U	L	W	E	V	Z	S	T	B	C	U	N	S	H	I	V	D	R	M	E
E	Y	B	A	D	A	O	C	F	U	B	A	P	E	E	O	A	I	L	O
J	N	G	S	C	H	U	S	S	B	V	L	I	B	U	U	Z	K	P	E
D	A	L	R	X	C	F	L	S	A	K	E	E	S	Y	P	F	O	F	A
J	P	K	I	L	G	V	F	E	W	G	L	L	Y	K	H	E	T	U	Q
E	J	B	H	D	T	O	X	R	S	S	S	E	T	S	G	P	H	M	W
W	D	F	D	U	F	X	L	A	T	T	E	R	R	V	U	S	F	J	E
C	T	H	C	I	L	T	U	L	F	M	Z	U	S	C	H	A	U	E	R

- Latte
- Nachspielzeit
- Viertelfinale
- Fußball
- Trikot
- Spielball
- Ersatzspieler
- Schuss
- Flutlicht
- Zuschauer

DEINE TIPPS

ACHTELFINALE 3 | 18:00 | 30. JUNI 2024

SIEGER GR. C VS. **DRITTER GR. D/E/F**

_____ VS. _____

TIPP ERGEBNIS

☐ : ☐   ☐ : ☐

ACHTELFINALE 4 | 21:00 | 30. JUNI 2024

SIEGER GR. B VS. **DRITTER GR. A/D/E/F**

_____ VS. _____

TIPP ERGEBNIS

☐ : ☐   ☐ : ☐

GOAL!

RÄTSEL

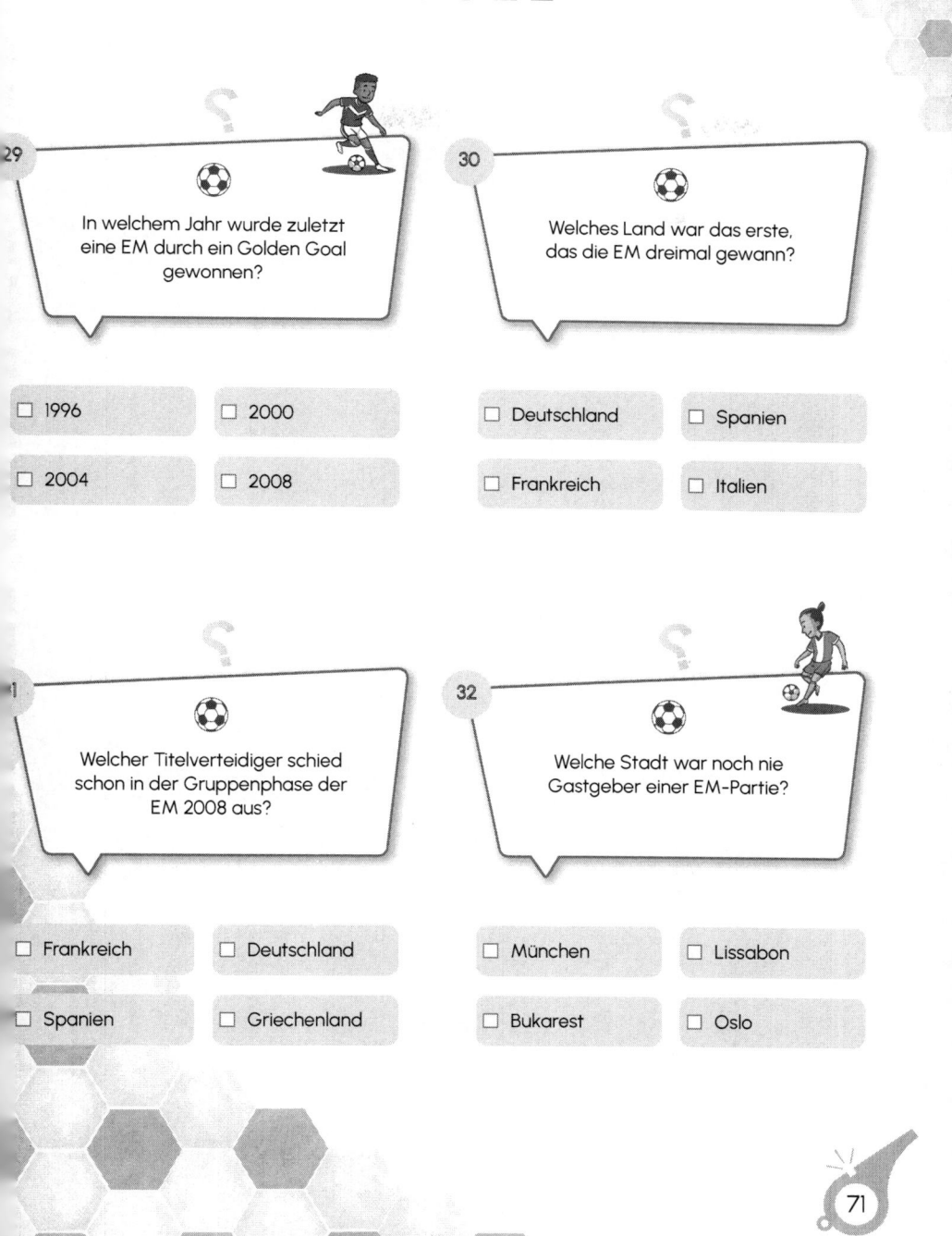

29 In welchem Jahr wurde zuletzt eine EM durch ein Golden Goal gewonnen?

- ☐ 1996
- ☐ 2000
- ☐ 2004
- ☐ 2008

30 Welches Land war das erste, das die EM dreimal gewann?

- ☐ Deutschland
- ☐ Spanien
- ☐ Frankreich
- ☐ Italien

31 Welcher Titelverteidiger schied schon in der Gruppenphase der EM 2008 aus?

- ☐ Frankreich
- ☐ Deutschland
- ☐ Spanien
- ☐ Griechenland

32 Welche Stadt war noch nie Gastgeber einer EM-Partie?

- ☐ München
- ☐ Lissabon
- ☐ Bukarest
- ☐ Oslo

DEINE TIPPS

ACHTELFINALE 5 | 18:00 | 1. JULI 2024

ZWEITER GR. D VS. **ZWEITER GR. E**

_____ VS. _____

TIPP ERGEBNIS

☐ : ☐   ☐ : ☐

ACHTELFINALE 6 | 21:00 | 1. JULI 2024

SIEGER GR. F VS. **DRITTER GR. A/B/C**

_____ VS. _____

TIPP ERGEBNIS

☐ : ☐   ☐ : ☐

RÄTSEL

DEINE TIPPS

ACHTELFINALE 7 | 18:00 | 2. JULI 2024

SIEGER GR. E   VS.   DRITTER GR. A/B/C/D

_____ VS. _____

TIPP   ERGEBNIS

☐ : ☐   ☐ : ☐

ACHTELFINALE 8 | 21:00 | 2. JULI 2024

SIEGER GR. D   VS.   ZWEITER GR. F

_____ VS. _____

TIPP   ERGEBNIS

☐ : ☐   ☐ : ☐

RÄTSEL

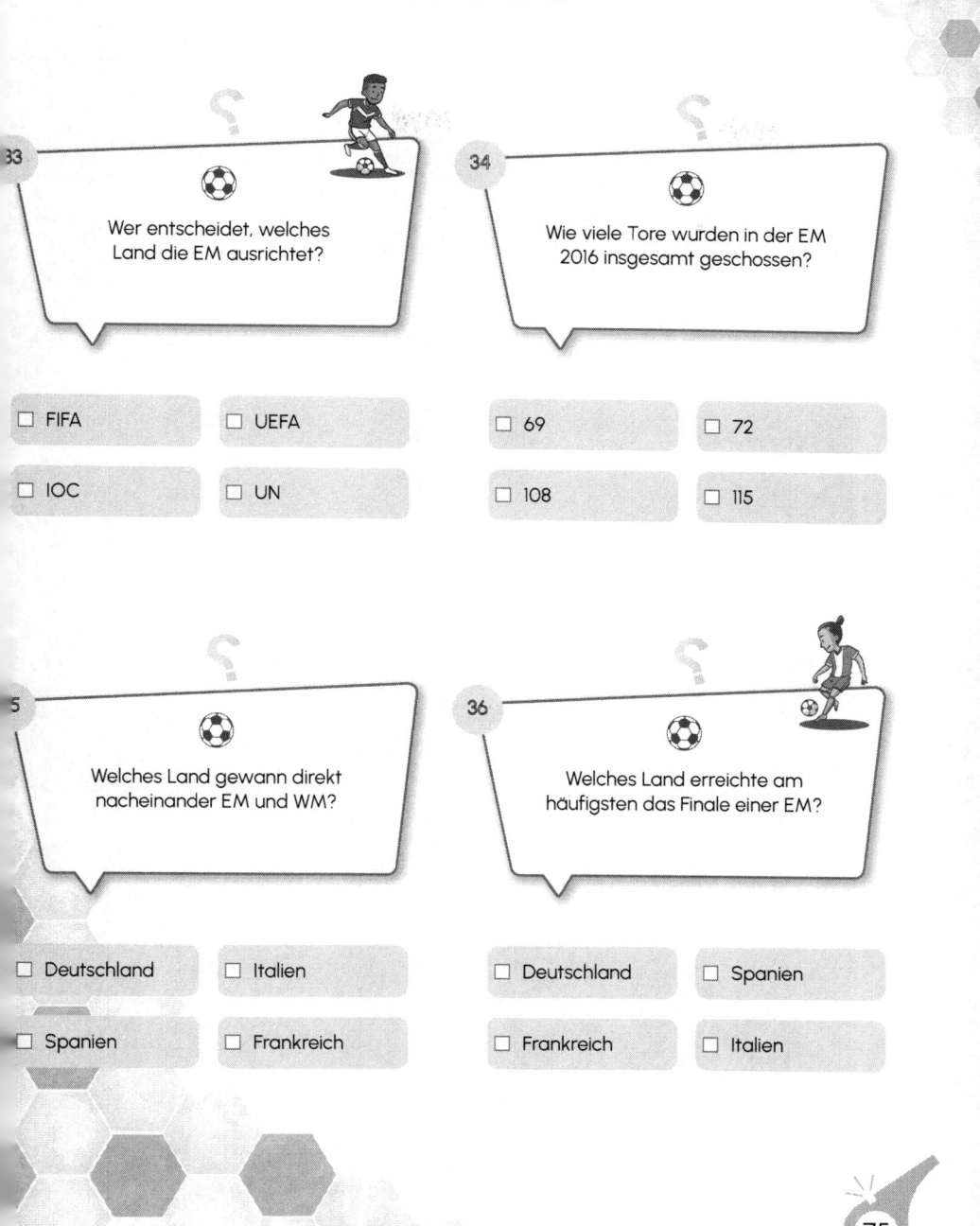

33 Wer entscheidet, welches Land die EM ausrichtet?

☐ FIFA ☐ UEFA
☐ IOC ☐ UN

34 Wie viele Tore wurden in der EM 2016 insgesamt geschossen?

☐ 69 ☐ 72
☐ 108 ☐ 115

35 Welches Land gewann direkt nacheinander EM und WM?

☐ Deutschland ☐ Italien
☐ Spanien ☐ Frankreich

36 Welches Land erreichte am häufigsten das Finale einer EM?

☐ Deutschland ☐ Spanien
☐ Frankreich ☐ Italien

08
VIERTELFINALE

SPIELPLAN

	ZEIT	DATUM	Partie
☐	05. Juli 2024	18 : 00	Sieger AF 4 vs. Sieger AF 2 _____ vs. _____
☐	05. Juli 2024	21 : 00	Sieger AF 6 vs. Sieger AF 5 _____ vs. _____
☐	06. Juli 2024	18 : 00	Sieger AF 3 vs. Sieger AF 1 _____ vs. _____
☐	06. Juli 2024	21 : 00	Sieger AF 7 vs. Sieger AF 8 _____ vs. _____

DEINE TIPPS

VIERTELFINALE 1 | 18:00 | 5. JULI 2024

SIEGER AF 4   VS.   SIEGER AF 2

_____ VS. _____

TIPP   ERGEBNIS

☐ : ☐   ☐ : ☐

VIERTELFINALE 2 | 21:00 | 5. JULI 2024

SIEGER AF 6   VS.   SIEGER AF 5

_____ VS. _____

TIPP   ERGEBNIS

☐ : ☐   ☐ : ☐

RÄTSEL 08

L	Z	U	Y	B	C	D	W	T	D	W	H	R	G	U	L	C	C	P	N
K	N	P	I	T	U	T	B	M	R	X	A	V	R	E	E	J	G	W	Z
Q	T	D	X	S	X	G	F	S	V	Q	Y	P	U	N	U	E	C	Y	H
T	M	B	G	V	F	B	S	Z	D	Y	T	Q	P	D	G	I	M	V	O
A	R	O	T	S	T	R	E	A	W	S	U	A	P	R	N	N	R	O	N
F	A	E	S	E	G	N	I	S	S	E	R	P	E	U	M	W	R	R	P
T	I	P	K	S	T	Y	I	R	A	F	B	Q	I	N	L	U	L	R	U
I	T	D	M	Q	I	D	K	P	U	Q	N	Z	W	D	T	R	Q	U	P
C	N	M	Q	D	K	R	U	S	R	Z	H	P	G	E	H	F	W	N	K
N	K	U	B	S	G	H	S	S	D	E	Q	Y	E	S	Q	Q	I	D	B
N	D	E	E	Y	R	Y	R	S	L	A	P	Q	G	I	B	A	T	E	D
N	D	U	K	G	T	T	S	Z	W	V	B	Z	E	E	R	D	U	E	Y
X	X	D	J	Q	X	Q	Z	C	E	S	K	O	N	G	S	E	A	J	I
T	U	K	D	F	W	G	C	S	X	W	P	P	T	E	Q	E	B	R	E
L	R	R	K	L	E	I	P	S	M	I	E	H	O	S	S	L	D	T	K
U	E	H	R	J	T	O	B	A	M	P	E	Z	R	T	N	H	H	F	L
N	K	M	C	N	V	I	J	T	L	D	K	X	E	O	I	R	E	Y	Q
W	G	G	R	T	T	T	H	P	D	M	D	W	E	R	S	F	Q	T	U
C	T	V	S	K	E	P	M	J	Y	V	Z	Z	D	C	Y	S	G	V	W
N	K	Y	Y	T	R	M	E	T	S	Y	S	L	E	I	P	S	J	V	H

- Pressing
- Gegentor
- Vorrunde
- Endrunde
- Auswärtstor
- Heimspiel
- Spielsystem
- Siegestor
- Gruppe
- Einwurf

DEINE TIPPS

VIERTELFINALE 3 | 18:00 | 6. JULI 2024

SIEGER AF 3   VS.   SIEGER AF 1

_____ VS. _____

TIPP   ERGEBNIS

☐ : ☐   ☐ : ☐

VIERTELFINALE 4 | 21:00 | 6. JULI 2024

SIEGER AF 7   VS.   SIEGER AF 8

_____ VS. _____

TIPP   ERGEBNIS

☐ : ☐   ☐ : ☐

RÄTSEL

09
HALBFINALE

SPIELPLAN

	ZEIT	DATUM	Partie
☐	09. Juli 2024	21:00	Sieger VF 1 vs. Sieger VF 2 _____ vs. _____
☐	10. Juli 2024	21:00	Sieger VF 3 vs. Sieger VF 4 _____ vs. _____

DEINE TIPPS

HALBFINALE 1 | 21:00 | 9. JULI 2024

SIEGER VF 1   VS.   SIEGER VF 2

_____ VS. _____

TIPP   ERGEBNIS

☐ : ☐   ☐ : ☐

RÄTSEL 09

T	X	D	P	A	F	D	S	D	A	U	T	O	G	R	A	M	M	J	I
G	O	X	W	A	Y	I	E	C	Z	X	E	Y	O	W	L	R	U	P	G
I	S	E	N	H	A	F	K	C	E	G	M	N	W	I	K	G	B	U	T
K	J	J	J	A	Y	G	N	U	H	C	S	U	E	A	T	T	N	E	U
D	S	I	C	A	U	O	D	M	T	C	N	E	Z	T	U	T	S	I	H
N	D	W	B	S	M	R	P	L	R	S	E	H	Q	A	E	D	C	X	C
C	E	D	Q	J	E	H	B	O	A	W	R	O	L	L	A	B	K	C	E
N	V	Q	H	M	I	S	R	O	I	Y	H	F	E	G	G	L	E	M	U
S	L	O	M	X	S	Y	U	O	N	X	E	S	S	A	J	X	D	I	R
Q	A	R	Y	E	T	G	U	G	I	U	H	H	Y	H	W	L	S	E	T
B	S	H	X	A	E	D	W	E	N	D	I	Z	G	N	C	T	E	A	M
Q	Y	T	D	H	R	G	O	S	G	E	O	X	P	R	T	J	H	B	D
C	R	E	R	G	S	C	G	G	W	E	E	U	N	C	O	V	S	F	Z
V	V	H	Q	T	C	R	G	A	S	R	K	J	W	Y	R	M	F	S	U
G	A	J	R	Z	H	B	A	L	L	J	U	N	G	E	H	L	G	N	W
F	W	U	X	C	A	N	K	C	R	R	O	A	S	R	U	Y	T	X	Q
T	H	B	U	A	F	O	Y	F	Q	R	D	U	C	F	E	K	N	R	Q
P	G	E	D	K	T	Y	U	H	U	C	V	Z	K	B	T	F	R	A	S
X	F	L	Z	W	B	B	W	L	W	N	R	L	N	W	E	T	X	L	Z
T	A	M	V	I	Z	P	Q	K	K	P	U	I	E	C	R	W	X	R	O

- ✹ Torhüter
- ✹ Stutzen
- ✹ Training
- ✹ Autogramm
- ✹ Enttäuschung
- ✹ Eckfahne
- ✹ Balljunge
- ✹ Meisterschaft
- ✹ Jubel
- ✹ Eckball

DEINE TIPPS

HALBFINALE 2 | 21:00 | 10. JULI 2024

SIEGER VF 3   VS.   SIEGER VF 4

_____ VS. _____

TIPP   ERGEBNIS

☐ : ☐   ☐ : ☐

RÄTSEL

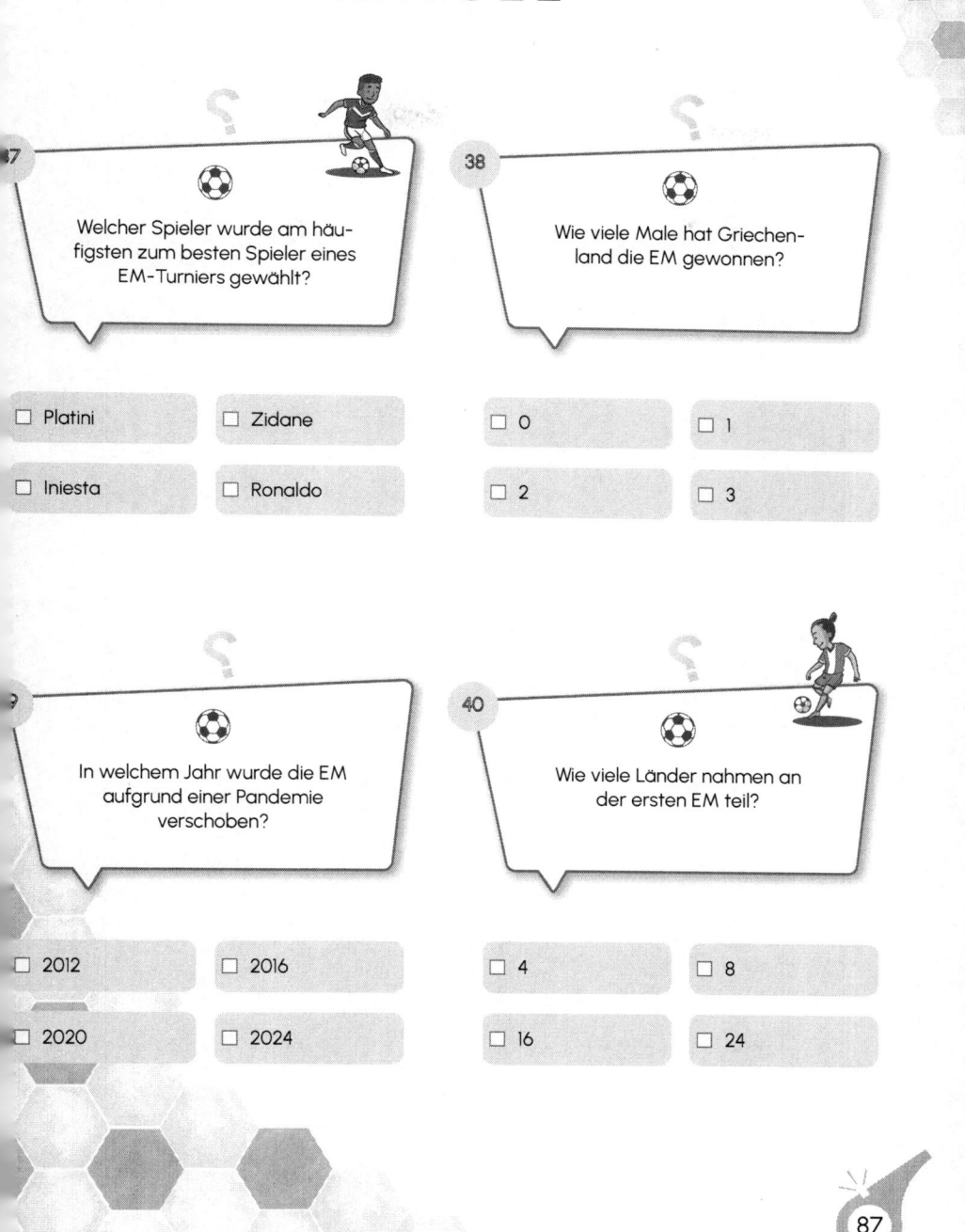

37. Welcher Spieler wurde am häufigsten zum besten Spieler eines EM-Turniers gewählt?

☐ Platini ☐ Zidane

☐ Iniesta ☐ Ronaldo

38. Wie viele Male hat Griechenland die EM gewonnen?

☐ 0 ☐ 1

☐ 2 ☐ 3

39. In welchem Jahr wurde die EM aufgrund einer Pandemie verschoben?

☐ 2012 ☐ 2016

☐ 2020 ☐ 2024

40. Wie viele Länder nahmen an der ersten EM teil?

☐ 4 ☐ 8

☐ 16 ☐ 24

10
DAS FINALE

SPIELPLAN

	ZEIT	DATUM	Partie
☐	14. Juli 2024	21:00	Sieger HF 1 vs. Sieger HF 2 _____ vs. _____

DEINE TIPPS

EM-FINALE | 21:00 | 14. JULI 2024

SIEGER HF 1   VS.   SIEGER HF 2

_____ VS. _____

TIPP   ERGEBNIS

☐ : ☐   ☐ : ☐

RÄTSEL 10

M	B	A	D	A	Z	P	G	N	U	R	E	G	N	E	A	L	R	E	V
K	M	E	U	R	F	K	G	L	D	V	N	P	U	E	I	H	S	W	S
A	D	A	L	E	I	P	S	N	E	P	P	U	R	G	J	P	K	G	T
J	M	Q	O	C	P	U	T	Z	D	Z	X	P	N	S	N	O	Q	F	R
L	Z	G	I	E	Q	F	F	V	S	V	U	F	R	B	U	M	H	D	A
R	B	L	I	V	Q	F	V	N	H	A	P	N	D	B	L	C	X	C	T
T	A	W	L	F	X	E	W	O	G	Z	U	R	M	B	T	X	Y	Z	E
M	L	Y	Z	A	G	W	D	F	M	V	E	U	S	X	B	F	Z	V	G
W	F	C	B	I	E	Q	I	H	C	N	M	B	Z	J	U	S	P	T	I
X	K	A	F	R	N	L	M	I	W	P	D	Y	C	J	X	P	S	W	E
F	S	L	T	N	M	C	S	C	Q	K	U	U	Z	Y	K	E	A	Q	G
A	B	P	H	E	C	N	O	I	T	I	D	N	O	K	V	R	V	U	S
N	U	R	R	S	M	L	W	I	L	L	L	U	O	F	A	R	J	W	I
B	T	D	Y	S	G	Z	E	Y	T	W	E	T	H	P	V	E	A	R	M
L	Q	B	Z	R	R	N	U	V	Y	K	T	W	L	Y	T	K	T	B	L
O	X	U	N	E	T	R	A	K	Y	G	O	F	U	E	L	L	E	J	F
C	T	R	H	I	X	M	I	I	U	D	Q	G	I	Z	N	T	U	M	J
K	W	O	R	N	R	S	C	Z	Q	A	J	E	Z	F	Q	E	J	W	Z
T	K	N	Q	D	R	S	P	E	F	V	U	T	X	H	S	B	D	U	G
L	E	I	P	S	R	E	D	N	E	A	L	M	O	E	X	L	D	F	Q

- Fairness
- Kondition
- Strategie
- Gruppenspiel
- Länderspiel
- Karten
- Sperre
- Verlängerung
- Fanblock
- Foul

Lust auf noch mehr Fußball-Content?

Cool, dass du dich für dieses Buch entschieden hast.
Möchtest du noch mehr erfahren?

Dann scanne den QR-Code für kostenlosen Content zum Buch
oder besuche:

https://brainbook-verlag.de/bonus

11
LÖSUNGEN

LÖSUNGEN

1. Deutschland
2. 3
3. 1960
4. Portugal
5. 24
6. Ronaldo
7. Berlin
8. Italien (EM 2020)
9. 3
10. Bär
11. 10
12. Dänemark
13. Griezmann
14. Spanien
15. 1996
16. 2.
17. Griechenland
18. 2016
19. Kirichenko
20. Frankreich
21. 17
22. Italien
23. Schwarz-Rot-Gold
24. Király
25. Kozlowski
26. Deutschland & Spanien
27. Fußballliebe
28. Torres
29. 2000
30. Spanien
31. Griechenland
32. Oslo
33. UEFA
34. 108
35. Spanien
36. Deutschland
37. Ronaldo
38. 1
39. 2020
40. 4

LÖSUNGEN

01

J	L	T	D	O	R	N	S	Z	Z	H	F	R	M	C	L	T	L	A	I
Q	G	U	G	T	Y	A	F	X	N	B	J	T	E	X	R	G	Z	G	G
T	B	Y	T	S	A	A	I	B	T	B	U	P	D	M	Z	H	V	R	H
O	D	R	U	I	J	Y	D	W	N	I	U	F	S	Y	L	D	X	S	D
R	E	U	R	A	K	S	S	P	I	L	N	X	I	U	J	L	R	A	G
E	U	N	N	F	U	S	S	B	A	L	L	L	E	O	P	J	E	W	F
S	T	G	I	I	R	E	B	E	Y	B	N	E	L	A	N	I	F	U	A
V	S	U	E	P	W	E	E	Q	G	U	Y	K	M	N	E	R	U	A	N
I	C	U	R	R	M	Q	M	B	X	E	Q	F	U	H	L	R	S	O	S
F	H	P	X	X	X	A	C	M	H	S	P	H	E	L	M	E	O	K	E
S	L	P	L	R	E	J	Y	A	G	Y	H	C	I	Y	P	L	J	X	C
K	A	M	N	T	F	A	H	C	S	N	N	A	M	J	L	M	H	I	J
V	N	L	N	X	S	K	P	N	M	L	W	U	W	C	X	G	R	Q	C
X	D	T	H	R	K	P	O	E	E	B	L	W	N	D	V	C	B	P	Q
S	D	P	N	O	K	B	N	S	C	Z	E	D	F	P	Y	T	R	U	L
X	D	U	K	T	G	S	A	B	Z	A	N	E	I	D	A	T	S	F	P
P	Z	G	A	G	T	Q	U	A	L	I	F	I	K	A	T	I	O	N	U
A	H	U	K	R	I	Y	K	D	C	N	O	J	O	I	A	L	W	L	C
D	W	A	E	R	H	N	E	J	F	I	O	T	N	C	L	C	J	I	S
G	B	N	X	I	I	N	B	T	X	L	P	H	A	B	T	Z	I	V	L

Tipp:
Die Wörter finden sich waagerecht und senkrecht, vorwärts und rückwärts, aber nicht diagonal.

LÖSUNGEN

02

Y	Q	F	S	C	H	I	E	D	S	R	I	C	H	T	E	R	V	Z	P
W	P	T	B	P	Z	H	A	Q	C	T	V	J	N	X	N	Q	K	R	P
U	K	E	N	I	T	U	R	E	T	E	M	F	L	E	B	X	U	J	L
F	R	E	I	S	T	O	S	S	A	U	T	V	V	H	H	V	G	Z	G
J	U	K	F	M	E	L	A	N	I	F	B	L	A	H	Z	Y	N	S	R
C	I	I	S	U	N	Q	D	I	P	Q	B	D	I	F	Z	H	A	L	U
G	S	O	D	Z	Q	Z	N	E	K	N	A	L	F	R	H	F	S	U	P
H	V	M	I	L	T	Z	U	C	N	D	U	A	X	E	L	V	X	L	P
N	T	C	W	Q	F	T	D	D	I	T	F	T	R	R	C	H	Z	X	E
U	H	E	O	Y	G	X	E	Z	M	X	Y	X	S	B	T	X	B	B	N
Z	J	H	Y	K	N	J	H	A	R	M	X	P	N	A	I	G	X	Y	P
T	G	H	T	I	Z	E	R	K	E	Z	H	V	M	H	X	T	L	J	H
Q	S	E	I	N	W	E	C	H	S	L	U	N	G	E	N	N	V	Y	A
Q	U	F	S	E	Q	E	D	S	R	B	N	I	C	W	E	D	A	T	S
Q	F	N	V	U	T	E	W	T	W	S	F	U	N	T	E	M	R	R	E
L	E	H	P	E	N	O	U	H	N	A	D	B	I	L	Q	J	I	A	D
F	N	A	D	U	A	H	U	V	M	Z	V	P	P	J	X	K	C	I	H
K	U	E	K	C	E	N	Y	M	D	T	R	O	E	I	Z	J	X	N	F
V	R	F	T	K	Q	T	H	L	C	T	W	D	H	P	V	V	L	E	V
K	M	D	B	T	X	X	V	G	L	B	X	V	R	J	E	J	K	R	E

LÖSUNGEN

03

I	P	J	Q	M	I	D	S	W	I	U	E	I	Z	B	B	K	U	J	J
W	C	X	D	E	G	K	R	P	S	J	U	L	F	Q	G	L	V	Z	D
L	Y	R	O	P	N	M	T	D	M	R	V	H	I	X	C	W	A	F	Z
H	S	A	C	N	E	A	T	I	P	A	K	F	B	X	W	O	M	I	R
C	S	T	E	K	C	I	T	V	T	G	R	I	A	F	U	N	J	I	H
R	K	N	W	L	B	S	D	I	Q	H	L	G	H	Z	E	T	R	A	K
S	P	T	S	L	C	R	I	U	N	V	U	L	A	W	W	I	Q	B	Z
V	T	M	K	O	T	E	F	N	G	O	E	T	R	A	K	W	I	T	I
Y	O	C	G	N	W	R	O	T	E	P	D	C	H	I	T	J	U	Z	K
F	R	B	I	I	R	S	A	H	I	A	N	S	T	O	S	S	T	L	D
P	W	L	A	E	L	I	V	B	H	E	M	V	U	S	R	S	U	N	H
M	A	X	H	A	U	J	E	F	G	E	J	H	B	H	G	A	N	B	I
Y	R	N	Q	X	A	B	S	E	I	T	S	L	T	G	V	J	D	V	D
E	T	E	H	P	O	K	A	L	B	K	Q	C	I	U	E	K	S	A	U
R	L	K	O	L	B	N	E	H	C	T	T	O	K	S	A	M	N	X	J
L	Q	M	F	R	N	P	U	N	H	G	B	T	A	A	R	Q	E	L	X
B	Z	F	O	Z	S	P	M	Z	J	X	X	I	T	M	P	Q	H	V	H
M	L	G	O	T	D	L	Z	S	T	O	Q	J	P	B	V	U	K	F	U
B	I	V	I	B	N	A	H	K	T	O	H	Y	O	D	Q	Q	K	T	T
B	P	N	A	D	S	Y	V	V	P	T	S	I	A	X	T	J	T	S	I

97

LÖSUNGEN

04

L	G	S	Q	R	R	X	R	W	G	T	M	W	S	N	U	R	T	A	W
L	H	P	N	Q	M	K	V	U	W	Q	W	B	H	I	K	M	E	X	I
D	P	Q	N	R	G	E	M	F	O	Y	X	G	A	Q	M	P	I	G	Z
T	B	X	I	N	X	B	N	G	Y	W	G	D	A	W	Q	Y	O	Y	M
A	O	K	H	T	V	E	L	E	H	Z	A	M	F	J	P	Z	I	Q	U
O	E	B	F	E	O	Q	R	M	I	V	N	L	B	C	U	G	O	D	Q	A
B	V	H	Y	M	N	E	N	G	C	R	S	X	J	A	E	Z	G	A	W
H	L	P	F	O	S	T	E	N	X	D	W	G	V	D	K	J	N	D	J
X	R	M	F	I	I	K	O	P	F	B	A	L	L	F	D	W	K	D	J
U	F	M	W	S	X	U	T	F	A	N	M	E	I	L	E	X	J	R	D
T	D	V	K	N	A	B	L	E	S	H	C	E	W	S	U	A	Q	A	R
A	E	U	E	I	F	Z	T	L	U	N	U	M	U	T	D	P	U	N	I
N	K	K	G	T	V	D	X	N	V	D	H	A	P	A	L	E	G	Y	B
G	N	F	E	O	R	B	J	H	H	L	O	S	A	F	H	J	W	L	B
R	A	T	S	E	Q	O	I	I	P	G	O	Q	C	D	L	W	T	W	L
I	F	A	B	W	E	H	R	E	L	L	Y	Z	O	G	K	E	N	H	I
F	C	D	L	E	F	L	E	T	T	I	M	D	J	T	T	A	R	T	N
F	E	J	W	U	H	X	L	Q	T	S	X	S	J	N	F	P	N	O	G
V	E	C	K	S	T	O	S	S	E	H	A	F	P	H	R	M	C	F	U
H	H	I	M	E	P	P	T	Z	U	W	M	B	J	I	K	V	Z	K	J

LÖSUNGEN

05

D	K	T	A	G	E	I	S	F	D	B	A	Z	N	P	J	Q	G	W	A
G	S	R	G	G	B	M	X	T	O	C	J	R	P	P	T	H	P	M	I
C	Y	A	U	H	G	Y	B	Q	L	K	W	B	J	A	J	D	S	N	F
K	I	T	I	B	J	E	K	E	R	O	N	E	A	I	S	H	G	V
Y	K	N	P	G	S	S	A	P	G	Z	O	Z	C	L	X	G	E	F	Q
Q	F	E	X	Y	Q	D	Q	I	X	S	E	Q	C	R	A	T	O	R	A
N	Z	R	U	K	Q	V	P	S	B	H	I	W	B	V	J	A	Q	Z	K
I	Y	A	X	B	Q	W	A	C	O	K	K	B	R	U	Z	E	F	C	B
E	I	A	G	C	Q	E	I	G	I	H	C	H	S	P	S	V	N	I	Z
D	R	E	G	E	I	S	N	E	P	P	U	R	G	E	E	E	B	W	F
E	W	M	E	F	B	E	O	V	H	X	S	K	U	E	A	T	Z	I	R
R	D	K	I	T	K	A	T	G	W	W	D	P	A	P	L	N	B	J	K
L	C	I	I	Y	R	N	E	D	E	I	H	C	S	T	N	E	N	U	P
A	S	S	Q	O	G	X	C	J	J	I	U	C	P	Z	T	X	J	K	H
G	T	G	S	U	Z	I	W	V	F	U	S	M	E	D	G	D	Z	H	I
E	T	H	F	R	I	J	G	W	O	U	H	Y	R	D	H	B	H	S	D
I	K	N	A	F	E	U	E	N	K	A	U	S	R	I	C	H	T	E	R
P	F	H	M	A	C	F	U	A	B	A	D	U	V	N	K	B	O	A	E
T	Z	X	T	O	R	L	I	N	I	E	N	T	E	C	H	N	I	K	I
N	R	Z	G	P	X	D	T	M	N	J	S	Y	W	E	U	D	J	J	D

LÖSUNGEN

06

J	H	Y	H	M	K	W	Q	R	U	X	Q	S	P	I	E	L	T	A	G
E	T	N	Z	Z	X	M	R	E	D	N	I	K	F	U	A	L	N	I	E
B	V	A	N	J	N	H	A	N	E	T	S	O	F	P	R	O	T	F	F
F	U	D	A	S	K	N	E	X	O	X	F	E	R	M	F	N	A	A	S
I	K	H	T	F	R	D	K	Y	M	R	S	C	E	G	E	M	E	N	G
A	X	T	I	M	E	D	G	N	U	L	L	E	T	S	F	U	A	A	C
B	F	Q	O	G	X	T	S	J	T	A	J	K	U	E	P	T	D	R	D
B	X	B	N	H	W	V	W	U	B	U	E	X	M	J	Z	U	H	T	M
J	D	B	A	Z	Z	V	I	C	D	Q	Q	G	I	W	R	E	P	I	T
S	V	M	L	W	G	K	A	C	L	X	M	R	U	W	G	L	U	K	I
B	I	R	H	E	M	K	I	T	K	A	T	N	P	S	D	H	S	E	M
F	C	O	Y	I	K	Z	R	U	W	J	K	P	H	E	A	N	X	L	K
B	H	C	M	K	T	P	Y	C	I	I	L	I	O	L	J	G	C	D	Y
Z	E	N	N	A	M	S	G	D	E	Z	T	I	S	E	B	L	L	A	B
M	Z	B	E	E	H	G	K	S	P	I	E	L	F	E	L	D	R	E	Y
G	T	J	Q	M	V	N	O	A	R	S	H	L	U	Q	R	B	C	S	Q
I	F	G	R	P	A	S	H	H	T	P	S	V	K	M	T	B	A	P	A
M	K	D	E	F	L	F	X	D	L	V	Z	C	G	Z	U	Y	E	L	W
A	T	X	H	E	E	N	F	R	O	G	V	D	H	H	P	O	H	G	C
G	I	G	G	Q	B	U	U	L	S	U	L	T	J	E	R	L	U	E	Q

LÖSUNGEN

07

M	L	O	A	X	E	D	I	H	K	K	A	D	E	Q	D	J	X	S	A
P	N	U	N	I	Q	A	L	L	A	B	L	E	I	P	S	K	P	W	A
F	I	R	T	I	E	Z	L	E	I	P	S	H	C	A	N	R	U	J	B
C	N	P	T	A	G	N	A	T	D	I	V	W	T	X	D	D	A	U	P
B	O	D	O	D	A	H	Q	D	P	B	I	U	U	X	A	D	M	H	D
W	S	J	T	D	H	D	Z	E	I	A	E	Z	D	K	F	E	Z	G	O
D	Z	D	L	R	G	A	D	P	V	C	R	E	I	Z	X	X	Y	G	E
Z	U	J	E	G	P	H	M	R	C	I	T	R	X	S	D	Z	N	U	X
P	G	C	Z	N	V	I	S	R	E	G	E	S	N	P	R	L	V	O	J
N	B	Q	H	W	G	M	R	K	B	C	L	A	R	E	N	V	N	T	K
X	F	U	S	S	B	A	L	L	C	I	F	T	E	W	G	D	T	K	B
R	I	U	M	U	P	R	E	Y	B	O	I	Z	X	C	B	U	T	E	J
U	L	W	E	V	Z	S	T	B	C	U	N	S	H	I	V	D	R	M	E
E	Y	B	A	D	A	O	C	F	U	B	A	P	E	E	O	A	I	L	O
J	N	G	S	C	H	U	S	S	B	V	L	I	B	U	U	Z	K	P	E
D	A	L	R	X	C	F	L	S	A	K	E	E	S	Y	P	F	O	F	A
J	P	K	I	L	G	V	F	E	W	G	L	L	Y	K	H	E	T	U	Q
E	J	B	H	D	T	O	X	R	S	S	S	E	T	S	G	P	H	M	W
W	D	F	D	U	F	X	L	A	T	T	E	R	R	V	U	S	F	J	E
C	T	H	C	I	L	T	U	L	F	M	Z	U	S	C	H	A	U	E	R

LÖSUNGEN

08

L	Z	U	Y	B	C	D	W	T	D	W	H	R	G	U	L	C	C	P	N
K	N	P	I	T	U	T	B	M	R	X	A	V	R	E	E	J	G	W	Z
Q	T	D	X	S	X	G	F	S	V	Q	Y	C	P	U	N	U	E	C	Y	H
T	M	B	G	V	F	B	S	Z	D	Y	T	Q	P	D	G	I	M	V	O
A	R	O	T	S	T	R	E	A	W	S	U	A	P	R	N	N	R	O	N
F	A	E	S	E	G	N	I	S	S	E	R	P	E	U	M	W	R	R	P
T	I	P	K	S	T	Y	I	R	A	F	B	Q	I	N	L	U	L	R	U
I	T	D	M	Q	I	D	K	P	U	Q	N	Z	W	D	T	R	Q	U	P
C	N	M	Q	D	K	R	U	S	R	Z	H	P	G	E	H	F	W	N	K
N	K	U	B	S	G	H	S	S	D	E	Q	Y	E	S	Q	Q	I	D	B
N	D	E	E	Y	R	Y	R	S	L	A	P	Q	G	I	B	A	T	E	D
N	D	U	K	G	T	T	S	Z	W	B	Z	E	E	R	D	U	E	Y
X	X	D	J	Q	X	Q	Z	C	E	S	K	O	N	G	S	E	A	J	I
T	U	K	D	F	W	G	C	S	X	W	P	P	T	E	Q	E	B	R	E
L	R	R	K	L	E	I	P	S	M	I	E	H	O	S	S	L	D	T	K
U	E	H	R	J	T	O	B	A	M	P	E	Z	R	T	N	H	H	F	L
N	K	M	C	N	V	I	J	T	L	D	K	X	E	O	I	R	E	Y	Q
W	G	G	R	T	T	H	P	D	M	D	W	E	R	S	F	Q	T	U
C	T	V	S	K	E	P	M	J	Y	V	Z	Z	D	C	Y	S	G	V	W
N	K	Y	Y	T	R	M	E	T	S	Y	S	L	E	I	P	S	J	V	H

LÖSUNGEN

09

T	X	D	P	A	F	D	S	D	A	U	T	O	G	R	A	M	M	J	I
G	O	X	W	A	Y	I	E	C	Z	X	E	Y	O	W	L	R	U	P	G
I	S	E	N	H	A	F	K	C	E	G	M	N	W	I	K	G	B	U	T
K	J	J	J	A	Y	G	N	U	H	C	S	U	E	A	T	T	N	E	U
D	S	I	C	A	U	O	D	M	T	C	N	E	Z	T	U	T	S	I	H
N	D	W	B	S	M	R	P	L	R	S	E	H	Q	A	E	D	C	X	C
C	E	D	Q	J	E	H	B	O	A	W	R	O	L	L	A	B	K	C	E
N	V	Q	H	M	I	S	R	O	I	Y	H	F	E	G	G	L	E	M	U
S	L	O	M	X	S	Y	U	O	N	X	E	S	S	A	J	X	D	I	R
Q	A	R	Y	E	T	G	U	G	I	U	H	H	Y	H	W	L	S	E	T
B	S	H	X	A	E	D	W	E	N	D	I	Z	G	N	C	T	E	A	M
Q	Y	T	D	H	R	G	O	S	G	E	O	X	P	R	T	J	H	B	D
C	R	E	R	G	S	C	G	G	W	E	E	U	N	C	O	V	S	F	Z
V	V	H	Q	T	C	R	G	A	S	R	K	J	W	Y	R	M	F	S	U
G	A	J	R	Z	H	B	A	L	L	J	U	N	G	E	H	L	G	N	W
F	W	U	X	C	A	N	K	C	R	R	O	A	S	R	U	Y	T	X	Q
T	H	B	U	A	F	O	Y	F	Q	R	D	U	C	F	E	K	N	R	Q
P	G	E	D	K	T	Y	U	H	U	C	V	Z	K	B	T	F	R	A	S
X	F	L	Z	W	B	B	W	L	W	N	R	L	N	W	E	T	X	L	Z
T	A	M	V	I	Z	P	Q	K	K	P	U	I	E	C	R	W	X	R	O

LÖSUNGEN

10

M	B	A	D	A	Z	P	G	N	U	R	E	G	N	E	A	L	R	E	V
K	M	E	U	R	F	K	G	L	D	V	N	P	U	E	I	H	S	W	S
A	D	A	L	E	I	P	S	N	E	P	P	U	R	G	J	P	K	G	T
J	M	Q	O	C	P	U	T	Z	D	Z	X	P	N	S	N	O	Q	F	R
L	Z	G	I	E	Q	F	F	V	S	V	U	F	R	B	U	M	H	D	A
R	B	L	I	V	Q	F	V	N	H	A	P	N	D	B	L	C	X	C	T
T	A	W	L	F	X	E	W	O	G	Z	U	R	M	B	T	X	Y	Z	E
M	L	Y	Z	A	G	W	D	F	M	V	E	U	S	X	B	F	Z	V	G
W	F	C	B	I	E	Q	I	H	C	N	M	B	Z	J	U	S	P	T	I
X	K	A	F	R	N	L	M	I	W	P	D	Y	C	J	X	P	S	W	E
F	S	L	T	N	M	C	S	C	Q	K	U	U	Z	Y	K	E	A	Q	G
A	B	P	H	E	C	N	O	I	T	I	D	N	O	K	V	R	V	U	S
N	U	R	R	S	M	L	W	I	L	L	L	U	O	F	A	R	J	W	I
B	T	D	Y	S	G	Z	E	Y	T	W	E	T	H	P	V	E	A	R	M
L	Q	B	Z	R	R	N	U	V	Y	K	T	W	L	Y	T	K	T	B	L
O	X	U	N	E	T	R	A	K	Y	G	O	F	U	E	L	L	E	J	F
C	T	R	H	I	X	M	I	I	U	D	Q	G	I	Z	N	T	U	M	J
K	W	O	R	N	R	S	C	Z	Q	A	J	E	Z	F	Q	E	J	W	Z
T	K	N	Q	D	R	S	P	E	F	V	U	T	X	H	S	B	D	U	G
L	E	I	P	S	R	E	D	N	E	A	L	M	O	E	X	L	D	F	Q

Printed in Poland
by Amazon Fulfillment
Poland Sp. z o.o., Wrocław